一口气读完50本经济学巨著

韦因／著

化学工业出版社
·北京·

内 容 简 介

一本书，带你读完50本经济学经典，让复杂的经济世界，一口气被读懂！

经济学看起来高深而晦涩，常常被误解为只属于投资圈、金融圈、学术圈。但其实，经济学就在我们每一个人的生活中：从一杯奶茶的定价，到一次跳槽的抉择；从房价涨跌，到共享单车背后的商业逻辑。

本书精选全球极具影响力的50本经济学经典与畅销著作，既有亚当·斯密、凯恩斯、弗里德曼、卡尼曼等经济学巨擘的理论奠基之作，也有《牛奶可乐经济学》《魔鬼经济学》《甜甜圈经济学》等兼具趣味与洞察的通俗读物。本书将50本经济学经典著作系统整合为五大板块，让读者轻松构建“经济学知识地图”。

图书在版编目（CIP）数据

一口气读完50本经济学巨著 / 韦因著. -- 北京 ：化学工业出版社，2026. 1. -- ISBN 978-7-122-49470-2

Ⅰ. F0

中国国家版本馆CIP数据核字第2025YA9365号

责任编辑：夏明慧　　文字编辑：史燕妮

责任校对：王　静　　装帧设计：盟诺文化

出版发行：化学工业出版社（北京市东城区青年湖南街13号　邮政编码100011）

印　　装：三河市双峰印刷装订有限公司

710mm×1000mm　1/16　印张$15\frac{1}{2}$　字数216千字　2026年1月北京第1版第1次印刷

购书咨询：010-64518888　　售后服务：010-64518899

网　　址：http://www.cip.com.cn

凡购买本书，如有缺损质量问题，本社销售中心负责调换。

定　　价：68.00元

前言

经济学不是算账，而是看清这个世界如何做出选择

如果你以为经济学是银行业的算盘、政府的宏观调控工具，或者只是那些股市大佬的专属“魔法”，那你很快就会被这本书“打脸”，但别担心，你是被温柔地打醒。

真正的经济学，藏在你每天的柴米油盐里，藏在一杯奶茶的定价、一场网购的算法优惠、一个人的升职跳槽，甚至整个国家为何贫穷、一个社会为何分裂的深层机制里。它从不是冷冰冰的数学模型，而是关于人类如何做出选择的智慧地图。

经济学是一门看似抽象、实则具体到无处不在的学问。它既能告诉你为什么星巴克能卖出40元一杯的咖啡，也能解释为什么一些国家越援助越穷，为什么政策看起来是“为你好”，结果却让你“更难过”。

这本书，就是为所有对世界充满好奇的人提供的一把“认知放大镜”。

◎ 为什么要“一口气读完”50本经济学巨著?

说实话，很多经典经济学书，厚得“可以砸核桃”，专业得让人头皮发麻。但你有没有想过，这些书里埋藏着改变世界的智慧：亚当·斯密的“看不见的手”、凯恩斯的“乘数效应”、皮凯蒂的“$r>g$”、纳什的“均衡理论”、克里斯坦森的“颠覆式创新”……

如果我们能用通俗的语言浓缩这些书的精华，结合时代案例、生活场景

和幽默表达，是否就能让这些晦涩的知识“飞入寻常百姓家”？

这就是本书的初衷：用生动有趣的方式打开经济学的大门，让你一口气看完也不觉得累，一页页读下去却停不下来。

◎ 每一本书，都是看世界的一个角度

从日常生活出发，你会读到《牛奶可乐经济学》《卧底经济学》，原来超市“买一送一”不是真的让利，网约车价格是“背后有人在操控”。

打破常识偏见，你会惊叹《魔鬼经济学》《思考，快与慢》揭示了社会背后的“脑洞事实”，比如“相扑比赛中的默契”“名字决定命运”……这些“看似荒唐，其实合理”的现象。

从国家制度层面，《国家为什么会失败》《制度、制度变迁与经济绩效》告诉我们，富国和穷国的分界线，不是资源，而是“包容性制度”是否存在。

站在全球格局上，《不平等的代价》《全球化及其不满》剖析贫富差距为何不减反增，全球化为何让某些国家富了，另一些国家却更边缘化。

拥抱未来趋势，《平台革命》《区块链革命》《AI极简经济学》帮你看清：数据、算法和平台，正如何重塑经济边界；而你，不再只是消费者，还是平台生态的一部分。

◎ 经济学的魅力：“啊哈，这才是世界的样子！”

经济学不会告诉你“对”或“错”，但它会训练你问出更有价值的问题：

- 为什么有些政策“听起来很好”，执行起来却“一地鸡毛”？
- 为什么我们愿意为“限时折扣”买单，却忽略“长期理性”？
- 为什么危机总在“看起来繁荣”的时候悄然酝酿？
- 为什么有些穷人越努力越贫穷，而富人却“坐收资产红利”？

它不会教你投机取巧，但会让你更懂规则、更清醒地做出选择。它的

终极使命，不是预测股价、分析通货膨胀，而是理解人类行为、引导社会制度、激发个体自由与合作的可能性。

本书精选的50本经济学巨著跨越时间与国界，其观点必然带有特定的时代与文化烙印。我在写作过程中对此已进行审慎处理，旨在呈现多元视角而非标准答案，以启发读者构建起自己独立的经济学认知体系。

◎ 写给不是“经济学专业”的你我

也许你从未读过经济学经典著作，也许你早在大学课堂就被曲线图、供需模型劝退，但没关系，这本书的写法不像学术论文，而更像是朋友间的一场长谈。

我们以50本重量级经济学著作为骨架，把复杂的概念转化为通俗语言，把抽象的逻辑对接到现实案例。既好看，又好用，还有一点点“烧脑”。

你越了解经济学，就越知道，生活中没有“理所当然”。每一个选择背后，都有激励、博弈、制度、心理等因素在交错较量。

所以，这不是一本“学术导读”，更不是一份“考试秘籍”，它是一本帮你看透世界底层逻辑的“思维手册”。

50本书，50种思考方式，愿你读完后，会像某位读者说的那样——“我终于明白，生活不是‘经济不好’，而是‘选择出了问题’。”

欢迎你，从这本书开始，把经济学读进生活，也读进自己的选择里。

著　者

2025年10月

目录

1 第一部分 经济学思维，从常识到颠覆

2 第二部分
微观经济学：价格、选择与博弈

3 第三部分
宏观经济学：繁荣、危机与大趋势

4 第四部分 商业新格局：平台、科技与创新经济

5 第五部分 财富分配、制度与全球化挑战

1

第一部分

经济学思维，从常识到颠覆

——培养看透现象的经济头脑

01 《牛奶可乐经济学》(罗伯特·弗兰克)
——为什么每一个生活细节都藏着经济学?

你是否曾在便利店货架前疑惑:为什么冰镇可乐只卖几元钱,而一瓶牛奶却动辄十几元?

是营养更高吗?是生产更难吗?还是商家暗中操控?罗伯特·弗兰克用这个“接地气”的问题为我们打开了一扇窗——原来经济学并不在遥远的华尔街,而是藏在冰箱门后的每一个价格标签里。

◎ 从牛奶和可乐谈起:价格的隐秘逻辑

牛奶贵,是因为成本高?可乐便宜,是因为其成分为水加糖?

听上去合理,但弗兰克要你用经济学的“第三只眼”来重新审视这个问题。他指出:价格的决定因素,远不只生产成本,还涉及需求弹性、目标市场、消费场景、运输难度和销售策略。

可乐之所以便宜,是因为:

· 保质期长,易储存和运输;

· 全球品牌推动,广告成本分摊广;

· 消费者对价格敏感度低:你想喝就会买,即使贵1元钱你可能也不会走去别家。

而牛奶却完全不同:

· 需要冷链保存,储存周期短;

· 容易腐坏,对运输过程要求高;

· 定位为“健康产品”,目标人群更挑剔,销售量反而比可乐小得多。

所以，在机场、电影院、便利店等场景中，即使你觉得“营养更高的东西应该便宜点”，价格却“反其道而行之”——这是供需与结构性成本博弈的结果。

◎ 你不是被“坑”，而是被“预期”决定了选择

书中另一个经典案例是“热狗摊上的可乐”。

在球场或露天演唱会的摊位上，一瓶可乐卖5美元你可能嫌贵。但如果你刚看完演出，天气炎热、嗓子冒烟，那瓶5美元的可乐在你眼里就变得无比可口。于是你毫不犹豫地掏钱，事后也没觉得亏。

经济学家把这叫作消费者剩余：你愿意为一瓶水支付的最高价格与实际价格之间的差值，反映了你从消费中获得的“额外满足”。

而商家正是通过观察情境和消费者行为，精准拿捏你的支付意愿。你不是被宰了，而是被自己的情绪、环境、需求“合理定价”了。

在这种时候，经济学让我们明白：价格从来不是商品的“价值”，而是消费者“愿意为它支付”的信号。

◎ 经济学如何解释“自愿买单”？

在高档餐厅，一份意面卖你30美元；而同样的意面，在街边小馆只要7美元。

你可能觉得：“简直是坑人！”但仍然有无数人愿意走进那家高档餐厅。

这时候，弗兰克不再从“原材料成本”谈起，而是引入了“体验溢价”的概念。他指出，人们为昂贵商品买单，往往买的不是商品本身，而是：

- 更安静的用餐环境；
- 更体面的社交体验；
- 一种“我值得拥有”的心理满足。

这就是行为经济学中的“心理账户”理论：人们对不同消费场景有不同

预算逻辑——在高档场合，花钱变成“投资形象”；而在地摊上，你就变成“斤斤计较型的理性人”。

在这种意义上，那30美元的意面不仅不贵，反而符合经济学的定价原则：谁更愿意为体验买单，就让谁多付钱。

◎ 当“免费”不是福利，而是策略：谁在为你“免单”？

弗兰克还揭示了“免费”的经济学陷阱。

他讲了一个案例：你在App（应用）里看到“免费试用3天”，便迫不及待点开；试用过后你懒得取消订阅，最终变成了长期付费用户。

你以为自己得了便宜，实际上商家赢得了“转换成本和惰性”红利。

在经济学中，这种策略叫“搭便车+沉没成本”合体模型：前期吸引用户，后期用“心理惯性”锁定利润。

再比如：

- 你去健身房，第一天免费体验，第二天被销售人员“温柔跟进”；
- 你注册视频网站，试用期刚过，忘记取消订阅自动续费。

这些“免费策略”并不违法，它们依靠的是人类“非理性但可预测”的行为模式。

弗兰克通过这些例子告诉我们：在经济世界中，你永远不是唯一的“理性人”，但你可以成为“知道别人不理性”的聪明人。

◎ 我们都在为“别人”的选择买单

在书的后半段，弗兰克把视角从“个体选择”延伸到“制度设计”。

他讲了一个有趣的例子：公共场合的噪声污染。

如果每个人都“略微”调高音量，整个空间就会变得一片嘈杂。每个人都认为“我只是放大了一点”，但整个社会却要为“个体最优”买单。

这就是著名的“搭便车问题”，或称“公地悲剧”：每个人为了自身利益最大化，导致资源被过度消耗，最终所有人都受害。

弗兰克举了很多日常案例：

- 每个司机都抢着变道，反而让高速更堵；
- 每家公司都拼命打广告，结果消费者更加麻木；
- 每个家庭都装修豪华，反而让“平均幸福感”不升反降。

这些现象反映了经济学的深层逻辑：微观选择合理，宏观上却可能造成灾难。

因此他主张：公共政策的制定者，必须引入“激励机制”——让每个人为自己的选择“付出真实成本”，才能逼近社会最优。

◎ 经济学，是通往世界的“显微镜”

整本书读下来，最打动人的，不是那些理论模型，而是那些“我也遇到过”的时刻：

- 为了一张电影票排队20分钟，你真省钱了吗？
- 商场打折时多买两件，是赚了还是“被赚”了？
- 为什么名校毕业生愿意去“低薪实习”，而不选“高薪销售”？

弗兰克在这些“生活中的困惑”中找到了经济学的光。他把日常生活的混沌场景，变成了清晰的博弈、激励、成本与偏好模型。

更重要的是，他没有用术语吓退读者，而是用故事、比喻和提问的方式，一步步引导读者用经济学的方式看世界。

※ 小结：经济学，不只是金钱的学问，还是“选择的艺术”

《牛奶可乐经济学》并没有试图教你变富，而是教你变“通透”。

它告诉我们：

- 每一个价格，都是行为、偏好、权利的反映；

· 每一次“占便宜”，可能都是隐藏的交易；

· 每一个“自由选择”，都可能对别人造成影响。

弗兰克不是在讲教科书经济学，而是在传授一种思维方式：世界不是随机和混乱的，它有一套运转的逻辑。

你不必成为经济学家，但你可以用经济学家的方式思考。从一瓶牛奶比可乐贵开始，你将学会在复杂世界里，做出更聪明的判断、更理性的选择，甚至获得更自由的人生。

02 《魔鬼经济学》（史蒂芬·列维特、史蒂芬·都伯纳）

——如何用脑洞和数据拆穿你以为的“常识”？

如果说《牛奶可乐经济学》教你用经济思维理解生活中的价格标签，《魔鬼经济学》则是用数据和逻辑掀翻你心中的“常识神坛”。

这不是一本告诉你GDP（国内生产总值）怎么计算、失业率怎么影响利率的教科书，而是一本打破认知舒适区的“理性冲击波”。它提出的问题总是奇怪得让你皱眉，却又合情合理得让你无法反驳：

- 一个好老师，真的会“偷偷作弊”帮学生提高成绩吗?
- 相扑比赛里，是否也存在“默契球”？
- 犯罪率下降，竟然与堕胎合法化有关?
- 房地产中介，为什么不会尽全力为卖家争取更高房价?

在这本书里，经济学不关于钱，而是关于激励、人性与因果关系的真相。

◎ 经济学，不是钱的学问，而是“选择+激励”的科学

作者史蒂芬·列维特是芝加哥大学的经济系教授，专长就是“用经济学的眼光研究奇怪问题”。他关心的不是股市涨跌，而是：一个人的动机，会如何在不知不觉中影响行为?

而其搭档史蒂芬·都伯纳则是记者出身，语言犀利，专擅讲故事。两人组合出奇制胜：一个挖掘事实，一个写得精彩，于是诞生了这本“像侦探小说一样好看”的经济学书。

开篇他们就说：“我们不提供答案，我们制造更好的问题。”

那么，让我们看看这些“问题”到底有多魔性。

第一个令人震撼的案例发生在美国芝加哥的一所公立学校。

当局推行了一项教育改革：为提高教学质量，设立了严格的学生成绩评估制度。学生表现越好，老师奖金越多，学校评级越高。

听上去是合理的激励机制，对吧？

可列维特与同事对数万份考卷进行数据分析后，发现了惊人的异常：

· 某些班级的成绩呈“跳跃式上升”，尤其集中在数学和阅读两个科目上；

· 这些提升往往出现在关键年级。

更离谱的是，学生答题中大量出现“选择题串答”现象：比如前十题正确率100%，后十题错误率几乎100%。

他们最终锁定了一种令人震惊的行为模式：老师在考试前或考试后“批改”学生答案，或者暗示学生答题方式。

动机是什么？奖金、晋升、保住饭碗等。

这是一个经济学家最熟悉的词——激励扭曲。

而这个案例告诉我们：当系统只看“结果”，就可能有人不择手段地操控“过程”。

◎ 相扑比赛“默契球”？连日本传统也敌不过“激励逻辑”

接着，列维特把目光投向了日本相扑界。

在日本，相扑是神圣的运动，摔跤手被视为“武士后代”，而每场比赛都关系到运动员的级别、收入、社会地位。尤其是某些“边缘局”——选手在一场比赛中如果胜场达到8胜，就可以升段、涨工资，而输了则降级、扣薪。

列维特通过分析几十年的数据，发现：

在“7胜对6胜”这种关键局中，胜率出奇地高，大多数7胜选手会赢。然而这些赢了的选手，在下一次对阵原本输掉的对手时，胜率却大幅下降。换句话说，出现了互相“送人情”的比赛结果。

他用统计学模型分析后，发现了经济学最残酷的真相之一：连最讲“道德”和“仪式感”的系统，也会在高强度激励面前动摇。

◎ 犯罪率暴跌，居然与“堕胎合法化”有关？

如果说前两个案例只是打破我们的“职业神圣感”，那么下一个案例，几乎颠覆了整个社会价值观。

20世纪90年代，美国的暴力犯罪率突然大幅下降。警方、自媒体、政客都列出各种原因：

- 更强硬的治安措施；
- 更高效的警察部署；
- 更多的监控设施；
- 更有力的法律制度。

听上去都挺合理。但列维特却抛出一个惊人解释：是因为20年前，美国通过了“堕胎合法化法案”。

他的逻辑链如下：

1973年，美国最高法院通过Roe v. Wade裁决，使堕胎合法。许多原本可能出生在贫困、缺乏照顾、家庭结构破碎的环境中的孩子未出生，而这些环境正是产生高犯罪率的高风险因素。到20世纪90年代，这些“本可能成长为犯罪高风险人群”的孩子没有出现，犯罪率因此大幅下降。

这个观点一经提出，引起巨大争议。支持者称其“残酷但诚实”，反对者认为“这是用功利逻辑谈论生命”。

但无论如何，列维特用大数据告诉我们：不确定性背后，总藏着因果链，只是我们不愿去找。

◎ 房地产中介：“帮你卖高价”≠“对他最有利”

你以为中介就一定希望你房子卖出的价格越高越好？因为提成越多？

这是我们直觉的想法，但列维特用真实数据告诉你：中介更希望“快卖”，而不是“高价卖”。

理由很简单：假设你卖房的房价为100万美元，佣金2%，中介能拿2万美元。如果中介努力再帮你多卖2万美元，他只能多拿400美元。但为了那400美元，他可能要多花1周，甚至几周，安排看房、沟通买家、等你犹豫。

对他来说，把时间投入下一个客户，才是收益最大化的方式。

列维特还对比了“中介卖自己的房子”与“卖他人房子”的差异。中介卖自己房子时，平均售价更高，销售周期更长——因为他愿意等，而不会“急着出手”。

这一案例击中了一个“常识陷阱”：表面上你们目标一致，实际上却动机不同。经济学的作用就是戳破这种“假联盟”。

◎ 最震撼的真相：你的名字，也可能影响你的人生

在《魔鬼经济学》中，列维特和都伯纳还研究了数百万份“名字”与“社会成就”的数据，并得出了有趣的结论。

他们发现，名字不只是标签，它其实透露了一个人的阶层、教育水平、家庭结构，甚至决定了未来的人际网络。

比如：

· 在低收入群体中流行的名字，可能十年后在中产群体也开始流行；

· 某些“特别”的拼写方式（比如将普通名字写得复杂或个性化），可能会影响未来就业成功率；

· 被赋予“高地位名字”的孩子，在教育表现和社会成就上更优。

这并非“名字本身”的魔力，而是经济学中最经典的因果问题：“名字只是结果，而非原因。”换句话说，是因为你处于某个社会位置，才倾向于选择某种名字，而不是名字决定你能成功。

但这也再次强调，数据能帮我们发现社会运行的微妙模式——只要我们不怕看到真相。

※ 小结：不是世界荒唐，而是你还不够好奇

《魔鬼经济学》最大的魅力，不在于“讲经济”，而在于它的核心信念：

任何现象背后，都有逻辑。别怕怪问题，怕的是没人敢问。

它教会我们：

- 激励机制比你想象中更强大；
- 道德系统也可能被扭曲；
- 不合理的现象，常常藏着“精明的算盘”；
- 数据不会撒谎，只是我们不敢正视。

所以，下次当你看到“学区房暴涨”“某品牌突然爆火”“平台降价搞活动”，别急着下判断！请像列维特一样，问一句：“他们的激励机制是什么？我是不是忽略了什么数据？”

这正是经济学最迷人的地方：它不让你轻信任何表象，也不鼓励阴谋论，而是鼓励你成为这个复杂世界中的“清醒人”。

03 《一课经济学》（亨利·黑兹利特）
——如何一眼识破政策背后被忽视的代价？

亨利·黑兹利特的《一课经济学》，可能是你人生中最短却最硬核的经济学课程。

这本书在1946年出版，但它的“锋利”和“犀利”却像是为今天的经济政策辩论量身打造的。作者没有长篇理论，没有复杂公式，只有一句话，反复敲打我们的常识盲点：“好的经济学，是看清一个政策对所有人长期的影响；而坏的经济学，只看到对一部分人短期的好处。”

这一课，正是经济学中最关键也最容易被忽视的一课：机会成本与隐性后果。

黑兹利特一共列举了十几种现实中的“政策误区”，它们表面上是善意的，实则会在背后制造更大的问题。而这本书的使命，就是帮你一一拆解那些“看上去很美”的经济政策。

◎ “打碎玻璃就是在刺激经济”？

全书开篇，黑兹利特就用一个经典寓言，开宗明义地指出：经济学不是看你“看得见”的，而是看你“看不见”的。

故事是这样的：一个小男孩不小心打碎了面包店的玻璃橱窗，大家围过来看热闹时，有人半开玩笑地说：“也好，反正这让玻璃匠有活干了。修窗户的钱会流进他手里，然后他去理发、买面包……这不是刺激经济吗？”

你是不是也觉得挺有道理？

黑兹利特直接拆解这个“玻璃理论”：

- 修窗户的钱来自小男孩父亲的口袋；
- 他原本可以用这笔钱买一双新鞋、请老师给孩子上音乐课；
- 结果因为要修窗户，这些消费就消失了；
- 社会总体财富并没有增加，只是从“建设”变成了“修复”。

这个故事教我们的，不是“玻璃不能乱打”，而是：当你看到某个行业因为灾难、破坏或某项政策而兴旺时，你要思考，这背后是不是牺牲了另一个你没看到的“本来更好的选择”？

这就是经济学的“第一课”——不要只看眼前的表象，而要看隐藏的成本。

◎ “政府修路能拉动GDP”？

书中另一个常见的政策误区是“公共工程迷信”。

比如，政府为了刺激经济，投入巨资修高速、造地铁、建机场等。这听上去既正义又宏伟，对吧？

黑兹利特说：“这也许是真的，但问题是——钱是从哪来的？”

如果这些工程款是靠征税来的，那它只是把纳税人本可以用于消费、投资的钱，集中起来花掉了。而如果是靠举债，那未来也需要还本付息，可能拖累未来的税收与支出。

他举了一个例子，假设政府用1亿美元建了座桥，看上去造福四方、吸纳就业100人。可这1亿美元原本也许可以：

- 支持100家企业改善设备；
- 提供低息贷款给农民更新机械；
- 给居民减税，促进本地小商业复苏。

但是这些“被牺牲的可能性”，你并不会看到新闻报道。于是你以为“只有那座桥是真实的”。

黑兹利特提醒我们：任何一个看上去有益的公共项目，都必须问——

“钱从哪来？会不会有比它更好的用途被牺牲掉了？”

◎ “最低工资”真的帮到了贫穷的人吗？

再看另一个大家非常熟悉的话题——最低工资制度。

在大多数国家，最低工资制度似乎是对低收入群体的保护手段：防止企业剥削，保障体面收入。

但黑兹利特的观点却令人警醒：

- 最低工资提高后，对雇佣低技能劳动者的企业来说，成本上升；
- 企业只能减少雇佣、加重工作负担，甚至转向自动化；
- 最终被“淘汰”的，是那些最需要工作的刚毕业的技能不足的年轻人，或者老人、移民。

也就是说，这项“保护工人”的制度，有时恰恰让一部分最弱势的工人“没有资格工作”。

黑兹利特称之为：“以仁慈之名，制造冷酷的后果。”

这个观点在今天依然适用。比如21世纪20年代，美国加州快餐业的最低工资法案推行后，一些小型餐厅关闭、裁员加剧，甚至出现大量“自动点餐机”，这正是黑兹利特70年前就警告的“看不到的代价”。

◎ “提高关税保护本国产业”？这不过是“劫众济寡”

书中提到的另一个“政策常识”是贸易保护主义。

当本国某个行业受到国外廉价产品冲击时，很多人主张：征收关税，保护国产产品。

黑兹利特说：“这当然对那一小撮‘受保护’的企业是好事，但别忘了——全民都要为此买单。”

为什么？因为：

- 消费者不得不买更贵的国产货；

- 受益的是某些产业的老板和工会；
- 受损的是所有人的购买力；
- 其他国家也可能报复，造成出口下降。

所以这就变成了劫全民之财，济一小撮利益群体。

这个分析放在今天尤为刺耳。中美贸易战期间，美国对中国商品加税，虽然保护了某些行业，但也造成了普通家庭购买商品的成本上升，通货膨胀预期升温，实际购买力下降。

而黑兹利特70年前就一针见血地指出："保护一个行业，就是惩罚另一个行业。"

◎　"价格管制"听起来公平，却让你更买不到东西

再来看"价格上限"这个典型误区。

比如，在粮食危机时，政府设定"食品价格不得高于×元"；房价高涨时，设置"租金不得超过×元"。

这在短期内似乎缓解了"买不起"的问题，但长期后果呢？

- 供应商无利可图，不再生产或提供商品；
- 黑市兴起，价格反而更高；
- 资源配置效率下降；
- 最终反而让真正需要的人，买不到商品或住房。

黑兹利特举了战争期间的"奶价限制"案例：

- 政府限制牛奶价格，以防贫困家庭买不起；
- 奶农因成本高，觉得"不划算"，开始改种玉米、停止送货；
- 结果城市奶源紧张，黑市牛奶高价泛滥；
- 最终真正贫困的家庭更买不到奶了。

他强调：用行政手段压低价格，就像用闹钟上的锤子砸掉钟针，以为能停止时间。

这比喻，至今令人拍案叫绝。

◎ “发钱就能刺激消费”？别忘了通胀的代价

《一课经济学》里还探讨了很多人都熟悉的刺激经济的方式——“财政补贴”。

历史上，世界各国都曾推行“发现金”的政策，从美国的救助支票，到欧洲的家庭能源补贴。

这些补贴政策在短期内确实刺激了消费、维持了社会稳定，但黑兹利特早就提醒：

- 发的钱不是“掉下来的”，要么是印出来的，要么是借来的；
- 如果印钱，最终会引发通货膨胀；
- 如果借钱，还本付息会压缩未来财政收入；
- 如果靠税收，等于从大家的左口袋拿出钱，再塞进右口袋。

2022年全球通胀大爆发，美国通胀率一度突破9%，美联储被迫连续加息……这种“政策反噬”的剧本，黑兹利特早就写在书里了。

※ 小结：学会“看见看不见的”，你就学会了真正的经济学

黑兹利特这本小书，几十年来长销不衰，被誉为“自由市场经济学的圣经”，靠的不是炒作，而是真知灼见。

他教我们的，不是一个个概念，而是一种思维方式：

- 看问题时，不只看直接结果，要看间接后果；
- 不只看对一部分人的好处，要看对所有人的影响；
- 不只看短期得失，要看长期代价；
- 不只看政策目的，更要看它实际激励了什么。

这才是“经济学的思维”。不是“把账算对”，而是“别被眼前的好

处迷了眼”。

经济学的艺术，是透过直接后果，看到更远的后果；透过眼前的群体，看到所有人。

04 《卧底经济学》（蒂姆·哈福德）
——看似日常的价格背后，藏着怎样的利益博弈？

蒂姆·哈福德，英国《金融时报》的记者，把自己变成了一个“卧底经济学家”——他不坐在研究室里讲理论，而是走进超市、咖啡馆、红灯区、球场、贫民窟，去破解每一个价格背后的秘密。

他的这本书，读起来就像一部城市侦探小说，主角不是警察或侦探，而是“价格”本身。而每一个“看起来理所当然”的日常现象，哈福德都会反问一句：

“你有没有想过，背后是谁在操纵这个系统？”

◎ 咖啡店的价格，是用来“割韭菜”的吗？

你在星巴克买一杯中杯拿铁要30元，旁边便利店卖的罐装咖啡才5元。差不多的咖啡因，差很多的价格。为什么？

哈福德从价格行为学出发，揭示了一个现实：

贵，不是因为成本高，而是因为你愿意为“感觉”付钱。

咖啡厅的产品价格并非根据豆子的成本，而是根据消费者愿意付出的心理价位来定的。经济学里这叫“价格歧视”——用不同的定价策略从不同的人身上榨出最多的钱。

比如：

- 你看到“小杯25元，中杯30元，大杯32元”，以为“中杯最划算”；
- 实际上，中杯是商家专门放在那让你“感觉不吃亏”的心理锚点。

最后，你付出了比预期更高的价格，心里还很满意。

哈福德解释，这就是经济学中“锚定效应+三明治定价策略”的组合打法，是商家对人类决策心理的精准拿捏。

更关键的是：这不是在骗你，而是在通过信息差调节供需，让高意愿者多出钱，低意愿者也能有选择。

◎ 超市买一送一，是你赚了，还是被耍了？

你有没有被超市的“买一送一”“第二件半价”吸引过？有没有在结账时发现，明明不需要这么多，却买了双倍？

哈福德带你走进“促销设计”的幕后：这些策略并不是商家“良心发现”，而是商家通过“价格诱饵”来筛选消费者的支付意愿。

举个例子：

某款果汁定价8元，“买一送一”后，你花8元拿走两瓶，觉得占了大便宜。但其实它平时销量不高。实际上，这一招让你本不会买的动作变成“顺手一买”。而促销期间销量暴涨，厂商趁势清库存。

这就是“隐藏版价格歧视”：通过包装和营销形式，把“愿意多买”的人筛出来，同时激活“犹豫型”消费者的消费冲动。

哈福德认为：经济学家眼中的促销，不是折扣，是筛选器。

促销不只是让利，它在悄悄判断你是“重视性价比的消费者”，还是“感性冲动型消费者”，并把你导向不同的购买路径——这正是微观经济的博弈术。

◎ 谁在主导房价——买家、卖家，还是制度？

你可能觉得房价是由“市场决定”的——买的人多了，价格就上去了。

哈福德却指出：房价从来不只是供需关系的问题，更是信息不对称、政策干预和“预期心理”的综合博弈。

比如，英国房地产市场一度陷入“房源紧缺—房价飞涨—开发受限”的死循环，其根源在于：

- 政府土地政策过于严格，限制了新建住房供给；
- 开发商出于利润考虑，故意“捂盘惜售”；
- 买家受到媒体炒作影响，担心“再不买就买不起”，形成“自我实现的房价上涨”。

这并不是供求的自然结果，而是预期与制度相互强化的产物。

哈福德强调，价格不只由市场决定，它反映的是一个社会整体的激励结构和行为预期。

换句话说：房价的真相，不只是“你愿不愿意买”，还是“别人以为你愿不愿意买”，以及“制度是否允许价格自由浮动”。

◎ 红灯区的价格，也在遵循经济逻辑？

在最具争议的一章中，哈福德走进了“红灯区”，不是为了猎奇，而是想弄清楚：在一个灰色市场里，价格如何形成？

他分析了一项芝加哥研究数据：当地街头性工作者的收入高于普通工厂女工，但远低于电影或文学中描绘的“高端场所”从业者。

为什么？

- 供给充足，竞争激烈，议价能力弱；
- 警察执法频率高，增加了“运营成本”；
- 客户常有暴力倾向，需自雇保安或“分红”给“保护人”；
- 缺乏职业保障，流动性大。

这些因素共同作用下，价格其实“压得很低”。

这说明什么？

即使在“非法市场”，价格仍然是风险、供需、议价能力三者博弈的结果。

而且，合法化或监管方式的改变，会直接影响整个行业的价格机制。

哪怕是在人们最不想触碰的话题里，经济学也不会失效。这让我们明白——“市场”无处不在，规则越模糊，博弈越激烈。

◎ 为什么贫民窟里的人宁愿租房也不买房?

书中另一段令人动容的调查，是关于非洲与南亚的城市贫民区。

哈福德发现：在孟买、内罗毕这些地区，明明贫民窟的人口已经稳定、收入也有微增长，却极少有人拥有自己的房产。

为什么他们不买房，甚至不改善住所?

原因让人震惊：

- 房屋没有产权保障，买了也可能被强拆；
- 正规房产手续成本高，时间长；
- 在贫民窟内搭建的“临时住所”，反而更灵活，可以应对迁徙、执法等风险；
- 有些人会把手头的钱投入孩子教育或短期生计，而非房屋这种“长线资产”。

这是一个完全不同的经济理性世界。

它告诉我们：人们不是不愿意改善生活，而是他们的“决策逻辑”受限于制度、风险和未来的可预期性。

这也是经济学的核心价值——不去责备个体的“非理性选择”，而是理解其“被制度限制的理性”。

◎ 一个热狗摊，也能告诉你定价艺术?

哈福德在纽约曼哈顿跟拍一个热狗摊老板，发现了令人惊讶的定价智慧。

这个摊主每天观察后发现：

- 上班高峰期前后15分钟，是价格弹性最低的时段；
- 午休时间价格稍微回落，竞争变激烈；

· 雨天可以小幅提价，大家懒得走远；

· 节日则要推出“买饮料送面包”策略增加客单价。

你以为他只是在卖热狗，其实他每天都在做价格测试、顾客行为预测与供需调节。

以至于连哈福德都感受到，没有哪一门学科，能像经济学一样，用一个热狗摊解释市场博弈。

※ 小结：经济学，是你理解世界的“显微镜”

《卧底经济学》之所以广受欢迎，不是因为它讲了多深奥的模型，而是它用最贴近生活的案例告诉你：

· 价格不是随机生成的，是行为动机的反映；

· 政策不是中立的，是激励结构的体现；

· 决策不是理性的，是有限认知和博弈下的选择。

“越是日常的价格，越值得你去怀疑。”蒂姆·哈福德用幽默而锋利的笔法，带我们破解城市、商品、市场、政策背后的密码。他不是要“让你变聪明”，而是让你知道什么在操控你。

05 《甜甜圈经济学》（凯特·雷沃思）——如何在生态与公平边界中重塑21世纪经济学？

如果你还以为经济学只关心GDP、通胀率和市场价格，那么你该认识一下凯特·雷沃思。她是牛津大学的经济学家，却偏偏对“主流经济学”翻了个白眼。

她问出一个被忽视已久的问题：

“经济学，难道不该先想清楚，我们希望活在一个什么样的社会？”

于是，她画了一个“甜甜圈”。这不是开玩笑。它成了21世纪最令人惊艳的经济模型之一，被阿姆斯特丹、哥本哈根等多个城市采纳，甚至被称为“比GDP更有良心的指标”。

◎ 什么是“甜甜圈经济学”？

凯特·雷沃思认为，传统经济学太痴迷于增长，太冷酷于人文，太盲目于地球的极限。于是她提出，我们需要在两个边界之间寻找发展：

内圈边界（社会基础）：每个人都应享有基本生活保障，如食物、教育、医疗、安全、住房等。

外圈边界（生态天花板）：人类的活动不应破坏地球的生态系统，如气候、生物多样性、淡水资源等。

而人类应当生活在两个圈之间的“甜甜圈”空间里：既没有社会剥夺，也不触犯生态极限。

这一模型看似简单，却为21世纪的经济提出了全新的坐标系。

- 它不再追问“增长多少”，而是先问“成长到哪里就该停”；
- 它不再只谈“效率”，而是纳入“公平与生存权”；

· 它不再相信市场能万能调节，而是正视制度缺陷与未来代价。

◎ 为什么GDP不够用了？

凯特·雷沃思提出尖锐质疑：GDP到底在告诉我们什么？

· 一个工厂排放了大量污染物，GDP会上升；

· 森林被砍伐变成商品，GDP增长；

· 一场洪水造成的灾后重建，也能拉动GDP。

这就是她口中的“增长幻觉”——只要数字上升，一切就被视为“发展”，哪怕是掠夺、污染、牺牲健康。

而GDP无法回答的问题是：

· 这个国家是否正在压榨未来？

· 社会的不平等是否正在扩大？

· 自然系统是否濒临崩溃？

她引用联合国研究（2015年）表明：全球仍有超过20亿人缺乏基本生活保障，而地球的九大生态边界已有四个被突破，包括气候变化、物种灭绝、氮磷负荷等。

这意味着，在GDP“亮眼”的背后，是人类正越走越远的“甜甜圈安全地带”。

◎ 画“甜甜圈”之前，我们有哪些经济学“神话”？

凯特将传统经济学中的一些错误或过时的逻辑，称为“僵尸逻辑”。这些概念早就该被埋葬，却还在教材里横行。

其中几个最重要的“神话”包括：

① 经济人

教科书里的人类，是理性、精于算计、自利、冷静的完美决策者。

但现实中，人类是这样的：

- 买东西靠感觉；
- 投票靠情绪；
- 投资靠风向；
- 环保靠良心。

而今天的行为经济学、心理学、社会学早已推翻“经济人假设”。凯特认为，我们不是计算机，而是故事动物。经济模型里的人从未真实存在。

② 自然是“外部性”

传统经济学把污染、气候问题叫“负外部性”，仿佛地球只是“可牺牲的背景板”。凯特批评道：地球不是外部性，它是人类赖以生存的家。她呼吁经济学应当把生态系统作为经济系统的底座，而不是旁注。

③ 市场万能调节

我们常听到“市场自己会修复”，可事实是：

- 市场不会自动减少碳排放；
- 市场不会关心濒危物种；
- 市场不会主动避免贫富差距扩大。

市场是有力量的工具，但不能代替价值判断和制度建设。凯特强调：我们需要设计一个能奖励可持续行为、惩罚掠夺行为的市场机制。

◎ 现实中，谁在尝试“甜甜圈模式”？

你是不是觉得“甜甜圈经济学”是一种纯粹的空想？但事实上，它已经被多个城市和政策制定者采纳。

① 阿姆斯特丹：首个“甜甜圈城市”

在2020年之后，阿姆斯特丹率先宣布：“复苏经济不能再回到旧路。”他们采用甜甜圈模型制定政策目标：

- 保证人人有教育、医疗、住房资源；
- 鼓励发展绿色能源和本地循环经济；

· 减少对进口资源的依赖；

· 评估所有决策的生态影响。

这个城市甚至推出“甜甜圈绩效评估模型”，让市政建设围绕社会公平和生态保护展开。

② 哥本哈根：打造碳中和与幸福并重的都市

哥本哈根将“可持续交通”“零碳建筑”“全民福祉”列入城市治理核心，正是甜甜圈经济学的样板落地的表现。

③ 新西兰、哥斯达黎加等国：GDP之外的国民幸福指标

这些国家尝试将“社会福祉、生态健康、心理幸福”等纳入国家预算，尝试从“经济增长主义”中脱钩。

◎ “甜甜圈”会让市场退化吗？

很多人会担心：这种经济模型是不是反市场？是不是不鼓励效率和增长？

凯特的回答是：不是。

她指出，未来经济的核心挑战，不是“是否赚钱”，而是“怎么赚钱”。她鼓励企业向以下方向创新：

· 采用循环生产、可再生材料等；

· 拒绝过度包装、一次性产品；

· 构建“共享经济”和“本地网络”；

· 鼓励B型企业[1]、公平贸易、社会企业。

她举例，荷兰的衣物租赁平台“Mud Jeans”，不仅盈利，还将旧牛仔裤回收再制，形成真正闭环的商业模式。

再比如，联合利华公司在印度农村推出低成本洗发水包，既扩大市场，

---

[1] 在《甜甜圈经济学》中，B 型企业（B Corp）是指通过共益企业（Benefit Corporation）认证的商业组织，这类企业以平衡社会价值与经济利润为核心目标，致力于在地球生态边界内满足人类基本需求，同时推动社会公平与环境再生。

又兼顾社会公平——典型的“双重价值创新”。

她认为：经济不是增长的竞赛，而是价值的创造。

※ 小结：告别“瘦身”，开始“均衡”

凯特·雷沃思的《甜甜圈经济学》，其实是一本“认知再建”的经济学著作。

它让我们开始思考：

- 成长的尽头是无限，还是该适可而止？
- 成功的定义是利润最大，还是生态共赢？
- 制度的目标是效率优先，还是人类整体福祉？

“甜甜圈”不是一种极端理想主义，而是从人性、生态和系统思维出发的理性选择。它不是把经济做小，而是把经济做“稳”、做“广”、做“可持续”。

经济学不是一台巨大的工业机器，而是一座生态花园，每一次决策，都是种下一颗关乎共生的种子。

06 《思考，快与慢》（丹尼尔·卡尼曼）
——你做决策时，是谁在“偷偷做主”？

如果你以为经济学只是关于供求、价格、市场的理性游戏，那么丹尼尔·卡尼曼将彻底颠覆你的世界。

这位获得诺贝尔经济学奖的心理学家——是的，你没看错，他是心理学家——用几十年的实验告诉我们：人类并不像传统经济学认为的那样理性，甚至多数时候，我们都是“非理性”的生物，却自以为是“最理性的那一个”。

他的著作《思考，快与慢》不仅是行为经济学的奠基之作，更是一部揭开人类决策机制的“显微镜指南”。

◎ 你不是你，你是两个“你”

这本书的起点，是卡尼曼提出的人类思维“双系统理论”。

系统1：快思考

快速、直觉、本能、不费力，像自动驾驶。它使你在看到“打折”两个字时兴奋，在听到“市场崩盘”时焦虑。

系统2：慢思考

缓慢、分析、逻辑、有意识，像手动驾驶。它在你做预算时启动，使你在填报志愿时全神贯注。

举个例子：

一根球棒和一个球共1.1美元，球棒比球贵1美元。问：球多少钱？

如果你脱口而出“0.1美元”，那恭喜你，你掉进了系统1的“直觉陷阱”。

正确答案是0.05美元（因为球棒 = 1.05美元，球 = 0.05美元，总和才是1.1

美元）。

这正是《思考，快与慢》的魅力：它不断揭露你“自以为正确”的背后，其实是一连串系统1的自动决策，而懒得启动系统2的理性思考。

在经济学中，这种快思维会导致什么后果？答案是：投资判断错误、消费冲动、政策支持偏差、金融泡沫……

◎ “理性经济人”早已被人类自己“打脸”

传统经济学建立在“理性人假设”上：人类在拥有完整信息时，会做出最优选择。

卡尼曼和他的搭档阿莫斯·特沃斯基指出，现实生活中，人不是理性动物，而是故事动物。

他们通过一系列实验，向经济学界发起了挑战，如前景理论。

这是他们对预期效用理论（即传统经济学假设人追求“最大收益”）的重大修正。

实验如下：

方案A：你肯定会获得1000元。

方案B：有50%的概率获得2000元，50%的概率获得0元。

大多数人选A。这符合“厌恶风险”——即便期望值相等，人类也倾向于保守。

但把问题倒过来：

方案A：你肯定会损失1000元。

方案B：有50%的概率损失2000元，50%的概率不损失。

大多数人会选B。这次，大家变得“爱冒险”了。这说明：人类对“损失”的厌恶程度远高于对“收益”的满足感。也正因为如此，投资者总爱“追涨杀跌”，决策者总怕“选错方案背锅”，消费者总在“先别后悔”的情绪中纠结。

这就是前景理论，它打破了“人追求绝对理性”的幻想，也因此成为行为经济学的核心。

◎ 经济行为中的“心理陷阱”

卡尼曼在书中通过大量实验，归纳了人类在经济行为中最常见的系统性偏差。以下是其中几个经典案例。

① 框架效应

如果你听到有人说“这个药物能救活90%的病人”，肯定会觉得很不错。

但如果换成“这个药物会导致10%的病人死亡”，你的情绪是不是变了？

卡尼曼发现，即便数字完全一样，不同的表述框架会显著影响人们的判断。

经济学启示：政策宣传、广告设计、投资建议，都能通过“话术”操纵你的判断。

② 曝光效应

我们倾向于相信那些经常出现的信息。

比如你天天在社交平台刷到一个投资标的，即使你完全不了解它，也可能下意识觉得“大家都投，应该不错”。

这解释了为什么泡沫总是能膨胀起来。

③ 禀赋效应

卡尼曼做过这样一个实验：

给一组人马克杯，问他们愿意以多少钱卖出；

让另一组人空手，问他们愿意花多少钱买入。

结果拥有者愿意的卖价远高于买入者的报价——即便他们对杯子原本毫无感情。

经济含义是：一旦你“拥有”了某物，你会高估它的价值，这会导致市场交易效率下降，比如房东不肯降价，股票投资者不愿止损。

④ 锚定效应

你看到一双鞋标价3000元，然后打6折变1800元，你觉得“赚到了”。

而如果它原价就是1800元，你可能不会动心。

我们的大脑会被第一个数字“锚定”，哪怕这个“锚”是假的。

经济学启示：价格策略、谈判、薪资预期，都在玩“锚”。

◎ 为什么经济学必须面对“非理性人类”？

在卡尼曼之前，经济学家多半把这些“偏差”视为偶发现象，但卡尼曼系统地指出：这些“非理性”不是特例，而是人类思维的默认设置。而行为经济学，就是要研究这种“不完美的理性”。

这对传统经济学是一次颠覆，也为后来的政策设计、市场监管、金融科技等提供了理论依据。

比如：

• 税收激励政策：如果知道“痛点”比“利益”更有效，政府就应避免“隐性激励”，而用“显性惩罚”；

• 养老金自动登记：因“默认效应”，很多国家采用“自动加入、主动退出”策略，结果大幅提高储蓄率；

• 碳排放交易设计：理解企业面对风险的“损失规避”，才能制定更有效的环保策略。

◎ 对未来经济学的警告与启示

《思考，快与慢》不是教你如何“变聪明”，而是提醒你：你并没有你以为的那么聪明，但你可以通过训练，变得不那么容易被骗。

对于经济学而言，这本书提供了三大方向上的革命：

• 把心理学引入经济学，形成行为经济学、神经经济学等新学科；

• 颠覆“市场总会对”的迷思，提醒政策制定者要考虑“人的局限性”；

- 推动更人性化的制度设计，鼓励用“行为干预”代替粗暴规则。

※ 小结：你做的每一个经济决策，其实都被你自己“操控”了

从投资、消费，到择业、投票，你做出的每一个经济决策，看似理性，其实背后都有一些“看不见的心理机制”在捣鬼。

卡尼曼指出，系统1在主导生活，系统2只是一个“懒惰的审稿人”。

而行为经济学的核心使命，是帮助我们看清自己的系统1何时在“开小差”，并训练系统2重新接管方向盘。

《思考，快与慢》是一面镜子，也是一套思维工具箱。如果你希望在一个充满诱惑、骗局、泡沫的经济世界中少交学费，这本书，就是你的心理防护服。

07《信号与噪声》（内特·西尔弗）
——预测未来，如何分辨数据中的“假象”？

你有没有想过，为什么股市总有人说会涨，有人说会跌，最后我们只记得“说对的人”？又或者，每年经济学家都会预测GDP增长率、就业数据、通胀走势，结果准确的少，出错后解释得倒很快？

这本《信号与噪声》的作者是内特·西尔弗，他既是个扑克玩家，又是个棒球数据分析师，还是政治预测界的“超级大脑”。他在美国总统大选预测上精准命中多届胜选者，被称为“现代预测界的先知”。

但他自己却表示：预测这件事，95%都是错的，问题是能不能发现那5%的“信号”，而不是被95%的“噪声”给骗了。

这本书讲的，就是我们如何在看似海量的信息中，找出“有用的信号”，避免掉入“数据幻觉”的陷阱。尤其在经济学领域，预测不是特权，而是一场风险、概率与认知能力的博弈。

◎ 从次贷危机谈起：预测的集体失败

书一开篇，西尔弗就拿2008年的金融危机开刀。

在那场席卷全球的灾难中，几乎所有人——从评级机构分析师、对冲基金经理，到美联储与政府官员——都“没预测到”。而这些人可是全球最顶尖的分析师、经济学家与政界智囊。

为什么他们都错了？西尔弗说：因为他们被“噪声”诱导，看错了信号。

比如：

- 评级机构把一堆高风险贷款打包成“AAA级安全资产”，只因为历史数据上违约率“看起来很低”；

· 投资银行误以为房价会永远上涨，于是用复杂的衍生品疯狂加杠杆；

· 主流经济模型忽略了“人性恐慌”与“信贷紧缩”的连锁效应，只看数字，不看行为。

这些错误的根源都不是“信息不够”，恰恰是信息太多，却缺乏识别真伪的能力。

◎ 什么是“信号”？什么是“噪声”？

西尔弗的核心观点是：信号能帮助我们更准确理解未来的模式；噪声是那些看似有用，实则干扰判断的无效信息。

打个比方：

· 信号像一个稳定的节拍器，能引导你跟上节奏；

· 噪声像街头的汽车喇叭、乱舞的灯光，会干扰你判断方向。

在经济世界里，这种“噪声”到处都是：

· 短期K线图的涨跌；

· 某专家的“惊天预测”；

· 某政策出台后的“第一反应”；

· 某大博主转发的“内幕消息”。

而真正的“信号”，往往是那些你需要深入理解机制、反复验证逻辑才能发现的微弱但稳定的线索。

◎ 预测之道：概率+贝叶斯思维

在《信号与噪声》一书中，西尔弗推崇一种看似古老，但如今越来越重要的思维方式——贝叶斯思维。

通俗地讲，贝叶斯思维告诉我们：

预测不是“准或不准”，而是基于已有证据，不断修正自己对未来的

“概率估计”。

比如，经济学家预测今年GDP增长5%，并不意味着“5%就一定发生”，而是：“在目前数据和模型下，最有可能落在5%左右，但随着政策、全球局势、消费信心的变化，我们应该随时调整预期。”

这和“我要么对，要么错”的传统预测完全不同。

在经济领域，这种“动态修正”的预测方式更靠谱。就像投资者经常说的：“预测不是承诺，是假设。”

西尔弗一针见血地指出：我们永远不会拥有完美的信息，但可以做出更少受错觉干扰的判断。

◎ 容易被噪声误导的领域有哪些？

西尔弗列出了多个预测常出错的领域，经济学是其中最典型的重灾区。我们来看看其中几个方面。

① 宏观经济预测：复杂系统的陷阱

经济系统不是机械，而是“复杂适应系统”。它涉及亿万人的行为、全球的政策博弈、无数企业与机构的反馈机制。

所以西尔弗认为，宏观经济预测本质上就像试图预测一群猫的运动路径。

你可能知道GDP增长率的历史平均值，但你永远不知道明年会不会来一场地缘冲突、能源危机或突发疫情。

经济预测越短期，往往越不靠谱；越长期，虽然趋势更清晰，但细节又高度不确定。

他主张经济预测要设定置信区间，而不是说一个具体数字。比如：“我们预计明年通胀率将在2%～5%之间，概率为80%。”这种预测比说“3%”更诚实，也更可用。

② 金融市场：随机游走与情绪支配

西尔弗在书中专门引用了“随机漫步理论”：“股票价格走势看起来像

是醉汉在街上乱走。”

原因在于，市场每天被海量新闻、谣言、自动程序交易等因素干扰，真正反映公司价值的信号非常微弱。

金融投资者不是缺乏数据，而是被过多的假数据误导。普通投资者最容易掉进“看图说话”的陷阱，却忽略了背后的商业逻辑。

③ 政策影响评估：“滞后 + 多变量干扰”

一个政策（如加税、降息、补贴）的效果，往往要过几个月甚至几年才显现。而在这期间，还有其他变量同时起作用。

比如，美国2009年刺激政策出台后，失业率并未立即下降，于是很多人说政策“失败”了。但西尔弗指出：“也许情况会更糟，只是我们无法对照出‘平行世界’。”

这意味着：因果关系在现实中极难验证，而噪声却让人误以为一切都是线性的。

◎ 在不确定中寻找确定：如何成为“更好的预言家”？

书的最后一部分，西尔弗提出几个成为“聪明预测者”的建议，尤其适合经济领域的实践者、媒体人和普通投资者：

• 多模型比较，不迷信单一理论。不同模型适用于不同场景，别指望一个经济学派解决所有问题。

• 持续更新数据，而非依赖“直觉”。经济现实变化太快，更新频率要足够高，反馈机制要足够完善。

• 拥抱不确定性，用概率思维思考问题。“看涨”或“看跌”不是判断，而是投机。概率才是真正的预测语言。

• 区分“推测”与“知识”。听起来“有理有据”的专家观点，也可能只是“穿西装的猜测”。

※ 小结：预测的本质，是认识自己的“认知局限”

总之，《信号与噪声》是一本令人警醒的书，它告诉我们：

- 我们对世界的理解，常常被过度解读的“模式”所误导；
- 我们喜欢听“确定”的答案，却常常忘了这个世界充满不确定；
- 我们太容易被“数据的噪声”迷惑，而缺乏耐心与系统性的思考，去找出那微弱却宝贵的“信号”。

在经济学中，预测不是神术，而是一种谦逊的认知游戏。真正的高手，不是能说中未来的人，而是能承认自己“知道多少，不知道多少”的人。

所以，如果你看完这本书，依然无法准确预测明年的经济，那恭喜你，你离“清醒”更近了一步。

08 《“错误”的行为》（理查德·泰勒）
——人类的非理性，如何改变经济学？

如果你一直觉得经济学是“精英的理性世界”，那这本书会狠狠敲醒你。因为在现实生活中，我们不是完全的理性人，我们更是“行为人”——情绪化、易受暗示、会拖延、会犯错，甚至常常明知错却偏要做。

行为经济学先驱、诺贝尔奖得主理查德·泰勒在这本《“错误”的行为》里，像一个顽皮的教授，用几十年的研究和实验告诉我们一个“危险”的真相：

经济学模型里的人是理性的，现实生活中的人则不是。

那我们还要相信传统经济学吗？

别急，泰勒的回答是：不是摧毁传统经济学，而是让它“进化”——把真实的人性纳入模型，构建一个更真实、更有温度的“新经济学”。

◎ 行为经济学：从挑战到革新

泰勒自称是“经济学界的麻烦制造者”。早在20世纪70年代，他就开始挑战古典经济学对“理性人”的崇拜。传统理论假设：人总是做出最优选择。而泰勒通过实验和研究发现：人经常做出违背自己利益的决定。

例如，人们明知道抽烟不好，却还是抽；知道要理财，却总爱冲动消费；知道股票涨跌难料，却忍不住追涨杀跌。

这一切“错误的行为”被传统经济学当作“外部噪声”忽略，而泰勒则说：正是这些错误，才是我们最该关注的地方。

◎ 三类“非理性”，决定你我生活中的经济决策

泰勒将人类常见的非理性行为归纳为三类，并用大量真实案例解释其经济学含义。

① 知偏差：我们不是在思考，而是在用直觉“凑合”

泰勒和丹尼尔·卡尼曼（《思考，快与慢》的作者）一起提出多个经典实验：

- 禀赋效应：一旦拥有某物，我们会高估它的价值。

比如，房东宁愿空置房子，也不愿意稍微降价出租，只因为“这是我的房子，值这个价”。

- 心理账户：人们会为不同的钱设“标签”，而非统一理性使用。

比如，人们花奖金时更容易挥霍，但面对工资却会精打细算，虽然它们的数额是相等的。

- 沉没成本谬误：看电影看到一半觉得很烂，但因为“买了票”，就不愿走。

经济学上，“过去的钱”不该影响“现在的决策”，但大多数的人做不到。

这些偏差虽然听起来像“小毛病”，但却在日常生活、投资选择、政策反应中频频作怪。

② 社会影响：别人怎么选，我就怎么选

泰勒强调，人不是孤立的个体，而是“社会动物”，很容易被他人的选择左右：

- 从众效应：一群人排队，你也会加入，哪怕不知道为什么。

在股市的泡沫中，这种效应尤为明显。

- 规范引导：比如“90%的住户选择节能用电”，这句话会显著提升环保行为的采纳率。

这对政策设计提出了新启发：与其强制，不如用“别人都这么做”的方式引导更有效。

③ 时间偏好与自制力：未来的自己被“现在”出卖了

经济学中，未来收益会被“贴现”，也就是我们会倾向现在获得回报。但现实中，这种“现在偏好”比模型更极端。

泰勒在实验中发现：让人选择“明天开始戒烟”远比“今天就戒”容易接受，让人自动设定退休金计划比“自己每月存”更有效。

这些发现启发他提出了一个著名的政策理念：助推。

◎ “助推”理论：用一点点设计，让人做出更好选择

“助推”理论是泰勒和卡斯·桑斯坦共同提出的行为经济学应用成果。它的核心不是强制，而是优化选择结构，让人“更容易做对的事”。

以下是一些经典的“助推”案例：

① 默认选项

在一家公司退休金方案中，把“自动加入”设为默认选项，参与率从40%飙升到90%以上。

在一家大型能源公司试点中，将“绿色电力套餐”设为默认选项，用户若不主动更改就自动使用绿色能源，结果环保能源的选择率从约20%跃升到超过85%。

默认之所以有效，是因为多数人“懒得改变”。你不强迫，只是把“理性选项”放在最容易走的那条路上。

② 选择架构

比如，把健康食品放在食堂显眼位置，垃圾食品放远一点，会显著改善营养摄入，即使商品都没变。

这个理论被广泛用于健康、金融、教育等政策领域。它的理念是：

与其告诉人“你该这么做”，不如设计环境，让他们“自然这么做”。

◎ 行为经济学如何改变了现实中的经济政策？

泰勒的研究不仅是书本上的知识，还深刻影响了政府与市场的运作。

① 政府助推小组

2010年，英国政府成立了“助推小组”，专门用行为经济学来优化公共政策。比如：

- 提高税收缴纳率：只需在信里写上“你的邻居都已经缴税了”，效果立竿见影。
- 提升献血参与率：在预约短信中增加一句“每次献血可拯救三人”，参与率提升20%。

这一理念后被美国、新加坡、澳大利亚等多国政府效仿。

② 金融监管中的“错误纠正机制”

泰勒主张在金融产品中加入“冷静期”“比较提示”“明示费用”，防止消费者在非理性情绪下盲目签约。

这些改变已经体现在很多国家的信用卡合同、房贷流程、保险产品设计中。

③ 企业中的应用：从定价到员工福利

许多企业利用行为经济学改善营销与管理：

- 动态定价：结合锚定效应和心理账户，实现更高溢价；
- 员工激励：设立“默认加入”的健康计划，提升员工满意度；
- 产品设计：利用“选项瘫痪”理论简化选项，提升转化率。

※ 小结：经济学应该拥抱“不完美的我们”

《“错误”的行为》告诉我们：

- 经济学不能只靠逻辑公式，更要理解人的认知与情绪；
- 决策不是在真空中完成的，而是在现实的“复杂心理场”中做出的；

· 越来越多的政策、商业设计，正借助行为经济学，让人类的非理性“向善”。

泰勒没有否定经典经济学的价值，他做的，是打开一扇窗，让我们看到那个更真实、更复杂，但也更可理解的世界。

行为经济学不是反对理性，而是补全了理性。读完这本书，最大的收获或许就是学会了用更温柔、更包容的目光，去理解人类的“错误”，以及它背后的意义。

09 《动物精神》（乔治·阿克洛夫、罗伯特·席勒）——市场背后的情绪，会如何引发经济风暴？

“在每一次金融危机中，真正失控的不是市场，是人心。”这是诺贝尔经济学奖得主阿克洛夫和资产泡沫研究大师席勒联合提出的核心观点。

他们在这本《动物精神》中提出一个颠覆性的观察：传统经济学只关心“理性行为”，但经济起伏的真正源头，其实是非理性的“人类情绪”。

而这正是凯恩斯在20世纪30年代就提出却长期被忽视的概念——动物精神。

◎ 什么是“动物精神”？

在凯恩斯的定义中，动物精神不是野兽性，而是人类做决策时内心深处的那种：

- 信心或恐惧；
- 乐观或悲观；
- 安全感或焦虑。

这些看似无关理性的感受，其实在无声中引导着我们投资、消费、就业、储蓄等一系列的经济行为。

阿克洛夫和席勒指出，正是这种“情绪驱动”而非“模型计算”，才是真实世界经济波动的关键解释力。

◎ 五种动物精神：控制市场的“情绪五指”

作者将这种非理性的心理动因，概括为五种“动物精神”，每一种都曾在历史性经济事件中扮演主角。

① 信心与信念的反馈循环

信心是经济的润滑剂：当企业有信心，才会投资；当消费者有信心，才会买单；当银行有信心，才会放贷。

但问题是信心本身不稳定，极容易受到社会氛围的感染，形成“自我强化”的循环：

房价上涨 → 大家看涨 → 贷款买房 → 需求再推高房价 → 信心进一步膨胀。

这就是泡沫的循环。

2008年美国次贷危机，就是一个“信心泡沫”破灭的典型案例。

在2005～2007年间，美国媒体和银行都在制造“房价永远涨”的信心神话，甚至出现“零首付贷款”“NINJA贷”（No Income, No Job, No Assets）。

结果，当信心不再时，房价瞬间崩塌，拖垮了整个金融系统。

经济学的启示：信心虽然无形，但它是经济系统中最真实的“风向标”。

② 公平感

人们并不是简单地“哪里薪资高就往哪走”，还要看这是不是公平的。

例如，在高通胀时期，如果企业给员工涨薪5%，看起来是好事；但如果大家都知道物价涨了8%，这反而让员工愤怒——因为他们感到不公。

泰勒也曾研究发现：同样的工资，如果是“公平”给的，人们会更乐意工作。

经济中，“公平”不是道德问题，而是行为动因。

这解释了很多传统经济学无法解释的事：

- 为什么人们宁愿失业也不愿接受低于行业标准的薪资？
- 为什么高管“天价年薪”引发公众愤怒，即使这是合法的？

公平感，是就业市场、税收制度、社会稳定的重要变量。

③ 腐败与不诚实

作者指出，很多经济危机背后，其实藏着“失信的系统”。

比如：

· 安然财务造假：营收虚增数十亿美元，引发2001年市场恐慌；

· 雷曼兄弟隐瞒次贷风险：导致投资者在最后一刻“失去信任”，资金链断裂。

他们强调：不是所有经济衰退都是市场问题，有时候，是“道德破产”引爆了系统风险。

经济运行的前提是“信任契约”，一旦道德失守，再精巧的经济模型也难以挽救崩塌。

④ 金钱错觉

这是最有趣也最具讽刺性的心理偏差。

人们倾向于只看“名义数字”，而忽略“实际价值”。

比如：

工资从5000元涨到5500元，大家很开心；但如果通胀率从0涨到10%，实际购买力反而下降。

这就是“金钱错觉”。

在经济政策中，如果忽略了这一点，就可能犯下严重的判断错误。

例如：央行可能误判公众反应、公司可能高估涨薪效益、消费者可能在通胀中失控消费。

这一点解释了为什么货币政策往往滞后生效，因为人们的反应不是理性的调整，而是情绪主导的“慢半拍”。

⑤ 故事效应

这是一种“叙事驱动的经济学”。

《动物精神》中指出，很多经济趋势不是靠逻辑推理出来的，而是被一个“有感染力的故事”牵着走的。

例如：

· 20世纪90年代的“互联网神话”：投资人愿意为任何带“.com”的公司砸钱；

· 21世纪第一个十年的“房地产致富梦”：人人都相信“房产才是通向中产的阶梯”。

这些“经济叙事”常常在媒体、社交网络中疯狂传播，最终演变为“集体信仰”——泡沫的根基。

当故事破灭时，信仰崩塌，经济才突然被现实拖回地面。

◎ 为什么主流经济学忽视了这些情绪变量？

尽管经济活动从来都由“人”来主导，但长期以来，主流经济学却更愿意假装人是完美的机器——理性、冷静、永远计算最优解。造成这种情绪变量被忽视的原因有三点。

① 模型偏好

传统经济学喜欢“简洁模型”，情绪太难量化。

② 理性信仰

长期以来，经济学一直信奉“人是理性的最大化者”。

③ 数据限制

直到最近几十年，心理学与行为研究的数据积累才开始支持这些非理性分析。

《动物精神》强调，如果不把“人”当作有血有肉、有情绪的个体，经济学将永远无法解释现实的波动。

◎ 如何在政策中应用“动物精神”？

阿克洛夫与席勒强调，政策制定者若忽视人类的“情绪波动”，就很难真正稳定经济。他们提出三条关键建议。

① 经济政策要赢得信心，而不仅是“刺激”

政策不仅要“有动作”，更要“赢信心”。例如，在金融危机时，政府不只是要撒钱，还要释放“我们撑得住”的强烈信号。信心如果被动摇，救市计划也可能失败。

② 金融监管要建立长期信任机制

监管的重点不只是查问题，更要让市场持续相信制度可靠。信任一旦丧失，银行挤兑、股市崩盘等情绪性行为就会蔓延，哪怕基本面没问题，也会引发连锁反应。

③ 投资与市场传播要警惕“故事泡沫”

“讲故事”驱动了太多经济行为——从炒作概念股，到房产神话。政策制定者和大众都需要具备基本的“经济叙事素养”，避免被短期乐观或悲观情绪带跑。

※ 小结：真正影响经济的，不只是利率和汇率，还有我们的“心情”

《动物精神》不是一本让你高谈阔论利率政策的教科书，而是一面镜子，照出我们内心与金钱、机会、风险互动的逻辑。

它用清晰而有趣的语言提醒我们：

- 市场并不是机器，而是人心构成的生态；
- 理性只是冰山一角，非理性才是更深的海；
- 若忽略“动物精神”，我们永远无法预测，也无法防范真正的风暴。

这本书既是对凯恩斯理论的现代延续，也为我们理解危机、政策、市场和大众行为提供了新的维度。

你会发现，经济波动不仅仅是数据曲线的起伏，背后还有信念的涌动、欲望的狂潮，以及我们每个人在情绪浪尖上的决策。

10 《乌合之众》（古斯塔夫·勒庞）
——为什么群体比你想象的更容易被操控？

在经济学的世界里，我们习惯于分析“个体”的理性选择——买或不买、投或不投、贷或不贷。但现实中，很多决策并不是你一个人独立做出的，而是你在一种“大家都这么干”的氛围中被裹挟着做出的。

这本《乌合之众》原本是一部社会心理学的经典之作，但在今天，它早已成为洞察金融市场、消费者行为、投资泡沫乃至社会经济舆论走向的“超前预言”。

勒庞早在1895年就提出：人一旦成为“群体”中的一员，理性就会让位于情绪、盲从与幻想。

听起来像不像以下这些情况。

- 投资时“朋友圈都买，我也跟着上”；
- 排队抢购某个理财产品；
- 股市暴涨时“管它值不值，先冲进去再说”；
- 房价飞涨时“慢一步就买不起了！”。

这些并不是理性的判断，而是群众心理的体现。

◎ 什么是“乌合之众”？

书名中的“乌合之众”（The Crowd）并非简单的个体集合，而是指一群在心理上高度同质化、行为上趋于一致的个体集合。

勒庞指出：在这样的群体中，哪怕你是教授、科学家或金融专家，一旦融入其中，也可能失去独立判断，表现出幼稚、情绪化、易激动、盲从等特征。

他的研究不是基于偏见，而是通过长期对革命、暴动、市场狂热、舆论狂潮等历史事件的深入观察得来的。

他发现——

- 群体不讲逻辑，只讲感觉；
- 群体更容易相信简单重复的观点；
- 群体极易受到领袖煽动而做出极端行为。

在互联网时代社交平台盛行的今天，勒庞的理论显得更加精准。例如，一场网络热搜就能引发全社会的情绪起伏，真假尚未查清，舆论却早已给出了判断。

◎ 为什么你我在群体中变得“不像自己”？

我们总以为自己是理性的个体，能独立思考、冷静判断，但一旦置身于群体之中，我们的情绪会被放大，判断会被带偏，行为也开始失控——仿佛“另一个自己”接管了身体。

勒庞指出，这不是偶发的失常，而是群体心理深层机制的体现，它能让最理性的人，在市场狂热、媒体渲染或社交舆论中，做出违背本意的选择。

① 理性消失，情绪上头

个体在群体中，会丧失理性和独立思考能力，变得容易激动、冲动。

比如：

- 股市中的“羊群效应”：明明基本面不好，大家却一窝蜂买入；
- 房地产的“抢房大战”：没人认真计算贷款成本，只怕“再不买就晚了”；
- 投资理财诈骗：只因“大家都在投”，于是变得盲目跟风。

② 责任感稀释，敢做极端之事

在群体中，个体感到匿名和责任感降低，容易做出在独立情境下绝不会做的行为。

比如：

· 在金融危机中，很多银行高管敢于推动“次级贷”，是因为系统性掩盖了个体责任；

· 在网络金融骗局中，许多“中介”并不认为自己在做坏事，只是“顺着大家都做的方向”推了一把；

· 在“抢购热潮”中，普通人会为了一双“限量球鞋”大打出手。

勒庞称之为“群体中的人变得既没有羞耻，也没有理智”。

③ 高度暗示性与情绪传染

群体极易受语言、图像、场景的感染。

· 投资直播中的一句“这板块有大资金进场”，能引发万人涌入；

· 新闻媒体的情绪化报道，能导致币圈一夜涨跌20%；

· 甚至一篇“标题党”的文章，也足以引爆一轮经济恐慌。

现代经济行为越来越像是一种集体“情绪剧场”，你不想演，但观众一起哄，你就只能跟着表演。

◎ 经济学应用：群体心理如何影响市场？

群体心理不仅关乎社会学和心理学，更早已深深渗透到经济体系之中。人们的每一次集体冲动，都能在市场中掀起惊涛骇浪。市场的非理性，并非来自个体的无知，而是来自群体“共鸣”所制造的幻觉。

下面，我们将用勒庞的视角，逐层剖析这些现象背后的心理机制。

① 泡沫的本质，是群体制造的幻觉

勒庞的理论，完美解释了许多经典经济泡沫的形成机制，比如：

· 郁金香狂热（1636年）；

· 南海公司泡沫（1720年）；

· 日本房地产泡沫（20世纪90年代）；

- 美国次贷危机（2008年）。

共同点：

- 群体对“未来暴利”的幻想被无限放大；
- 群体对风险的感知完全麻木；
- 大众在彼此模仿中越陷越深，直到信心崩塌，一夜归零。

② 消费者行为是被“群体意见”驱动的

- 好评越多，产品越畅销；
- 大博主推荐越多，商品越容易脱销；
- “别错过”的限时词语，比“便宜”还有效。

电商平台、广告公司早就深谙这个道理，把“社会证明”变成了最强销售武器。

哪怕经济学家再三提醒“理性消费”，你在“100万人买过”的页面前，还是会手滑点下“购买”。

③ 投资市场中的舆论陷阱

- “朋友告诉你这个基金一定涨”；
- “电视专家说这次不一样”；
- “微博热搜全在说某股票暴涨”。

你被这些信息包围得越严重，就越难保持冷静判断。

这种现象在行为金融学中被称为信息瀑布效应：当你看到别人做某事时，你更倾向于跟风，而不是自己去验证真伪。

◎ 如何从“乌合之众”中跳脱出来？

勒庞指出，个体一旦融入群体，就容易失去判断力，被情绪裹挟、被意见同化，哪怕原本理智如你我，也难以幸免。

但这并不意味着我们只能随波逐流。面对经济决策、市场信息与社会舆论，我们依然可以练就“逆风而行”的能力，打造属于自己的心理免疫力。

• 养成延迟判断的习惯。不要被第一时间的情绪牵着走，任何投资或消费决策，都应该“放一天”再做。

• 训练“反主流”的直觉。当所有人都说“看涨”，你要警惕；当大家都说“恐慌”，你要冷静。

• 关注数据，不盲信“故事”。群体爱听故事，但数据才是穿透幻觉的利剑。

• 增强“认知独立性”。培养独立阅读、判断、决策的能力，不依赖某些领域的意见引领者或大众评价。

※ 小结：当你以为是在“自由决策”时，其实你只是“跟着喊口号”

《乌合之众》不是经济学的教科书，但它比许多经济学著作更能解释市场的非理性行为。它告诉我们：很多经济问题的根源，不在模型，不在政策，而在人心。

你在买房时的焦虑、在股市中的贪婪、在通胀预期下的抢购等，本质上都是“集体心理”的体现。

正如勒庞所指出的那样：群众不是靠真理被说服的，而是靠感情、符号、重复和幻觉。

而正是这种幻觉，构成了市场的情绪周期，推动着经济的潮起潮落。

下一章，我们将走入微观经济学的核心——价格、选择与博弈——看看那些看似理性的“算计”背后，又藏着什么样的深层逻辑。

2

第二部分

微观经济学：价格、选择与博弈

——市场不是混乱，而是有逻辑的“算计”

11 《无价》（威廉·庞德斯通）
——价格的背后，是什么在支撑？

在日常生活中，我们最常接触经济学的瞬间，莫过于看到价格标签的那一刻。

去超市，你会看到一瓶矿泉水标价3元；打开手机，一张演唱会门票竟然卖到999元；刷一刷购物App，同样款式的衣服，价格却天差地别。你可能会抱怨："这也太贵了！""这价格疯了吧！"但你是否想过——这个价格到底是怎么定下来的？

这正是威廉·庞德斯通在《无价》一书中所探讨的核心问题。他用犀利又轻松的语言，向我们揭开价格的神秘面纱，让我们明白：价格从来不是一个简单的数字，而是一个信息系统，是一种社会语言，是利益博弈的结果。

这本书，不只是讲"为什么苹果手机这么贵"，它让我们明白，"贵"本身就是一种值得深思的经济学现象。

◎ 价格不仅是数字，它是"社会温度计"

威廉·庞德斯通告诉我们：价格是世界上最诚实的语言。

这句话乍听惊人，但细细一想，的确如此。你可能会在广告里听到各种夸张宣传，但价格从不会说谎。它总是以一种近乎冷酷的方式，揭示着人们真实的偏好、商品稀缺的程度和社会的运行逻辑。

比如说，一张演唱会门票从原价300元飙升到黄牛手中的2000元，价格在这里就不是"成本+利润"的简单叠加，而是一种"狂热"的量化：它衡量的是人们对偶像的痴迷程度，是对"稀缺"的溢价表达。

再比如，一杯星巴克咖啡卖35元，而你家楼下的小咖啡店可能只卖15元。这中间的差距，并不全是原材料或工艺的差异，而是品牌带来的“心理溢价”、地段租金乃至“社交属性”的综合体现。

价格，不仅反映了产品的成本，更反映了人心的尺度。

◎ 价格，是偏好投票的结果

什么是“偏好”？用通俗的话说，就是你喜欢什么，你愿意为它付出多少钱。

威廉·庞德斯通用一个精妙的例子来解释这个概念，在20世纪70年代，美国开始出现“瓶装水”——最初许多人都觉得可笑：自来水不要钱，谁会花钱去买水喝？但几十年过去，瓶装水成了全球最赚钱的饮品之一。

这正说明了一个经济学原理：价格是市场对“偏好”的投票结果。当越来越多的人觉得瓶装水比自来水更方便、更干净、更时尚时，他们愿意为此买单，价格就随之“合法化”。

同样的逻辑出现在一切市场中：你爱看电影，所以影院敢卖给你80元的电影票；你偏爱环保，所以新能源车越来越贵也有人抢着买；你追求健康，便愿意为“有机蔬菜”多掏一倍的钱。

价格，从来不是商家单方面的决定，而是你我共同投票的结果。

◎ 价格，是信息的信号灯

著名经济学家哈耶克曾说：价格系统是我们社会中最强大的协调机制。

这句话是什么意思？我们可以想象一下，如果没有价格，我们要怎么知道哪个产品更紧俏、哪种服务更值钱、哪类资源该往哪里流动？

比如，在一次自然灾害后，瓶装水的价格迅速上涨。有人批评商家“趁火打劫”，但从经济学的角度看，这种涨价虽然令人不快，却是市场在发出一个紧急信号：“水资源紧缺了，必须节约和分配！”

再比如，石油价格上涨，会促使企业加快新能源技术研发；蔬菜价格下跌，会让农民来年减少种植。这些“价格变化”就像一个巨大网络里的红绿灯，引导着生产者和消费者做出调整。

价格，就像空气中看不见的信号，一边调节供需，一边推动资源的再分配。

◎ 价格，也是权力的映射

威廉·庞德斯通的书中最打动人的部分之一，是他指出：在某些情况下，价格不仅仅是市场对“偏好”投票的结果，它还反映了社会中的权力结构。

举个例子——药品价格。很多国家的救命药动辄几百美元一片，尤其是罕见病药物，有些甚至高达几十万美元。这些药的生产成本并不高，真正推动高价的，是垄断权、专利保护和定价权的集中。

再比如，美国医疗体系中，一次简单的急诊可能账单上开出上万美元。这是因为医疗定价权掌握在医院、保险公司、制药企业等强势机构手中，而患者在信息不对称、议价能力弱的情况下，只能被动接受。

再想想房地产市场，土地供给被政策限制，开发权集中于少数大地产商，普通人是否能买得起房，很大程度取决于这些“价格操控者”的游戏规则。

威廉·庞德斯通提醒我们：我们以为价格是“客观”的，但其实它也可以是“被操控的”。

当一个群体对价格没有话语权时，他们对生活的掌控权也会随之流失。这也是为什么我们要理解价格——不是为了抠门，而是为了拥有更清醒的生活选择。

◎ 你也可以“成为价格的主人”

说了这么多，可能你会问：“那我作为一个普通消费者，能做什么呢？”

威廉·庞德斯通在文末提出了一个颇具启发性的问题：

“你是否知道，自己每天的消费，就是一种经济投票？”

没错，我们每天所做的选择——买哪种商品、选择哪家店、支持什么品牌——都会在悄悄地塑造价格的未来。

- 当你选择绿色产品时，市场就会向环保倾斜；
- 当你支持本地品牌时，价格就可能回馈社区经济；
- 当你为“更好服务”而多付一点钱时，整个行业也许就会重新定义“价值”。

理解价格，并不意味着必须“贪便宜”，而是学会有意识地使用你的钱，让它成为一种价值观的延伸。

正如威廉·庞德斯通所说的：你花出去的每一分钱，都是在为你希望看到的世界投票。

※ 小结：价格不只是钱，是我们与世界互动的密码

《无价》是一本能让你从此“用经济学眼光看待日常生活”的书。

它打破了我们对价格的惯性思维，让你明白：

- 价格=价值？不，它是偏好、信息与权力的集合；
- 贵=好？未必，它可能是一种心理战术，也可能是稀缺信号；
- 便宜=划算？不一定，它也许隐藏着你看不见的社会代价。

《无价》中没有艰深的公式，读起来也不需要经济学背景，只要你愿意从“为什么它卖这个价”开始提问，你就已经走在成为经济“明白人”的路上了。

12 《看得见的手》（小艾尔弗雷德·D.钱德勒）
——企业内部管理如何挑战“自由市场神话”？

在经济学课上，我们经常听到亚当·斯密那句名言：“每个人追求自身利益的行为，就像有一只‘看不见的手’，能将资源配置得井井有条。”这句话几百年来引导着市场信仰，成为自由主义经济政策的理论支柱。

但到了20世纪，产业组织发生了翻天覆地的变化：企业不再只是作坊式的小生产者，而是演变成了庞大的多部门、多地区、多流程的巨型组织。于是，美国经济史学家小艾尔弗雷德·D.钱德勒在《看得见的手》中提出了一个足以颠覆传统经济学的重要观点：

在现代经济中，推动资源配置的，已经不只是“看不见的手”，而是“看得见的手”——企业内部的管理体系。

这本书不是抽象的理论，它像一部企业史诗，讲述了美国工业化进程中，哪些公司如何通过制度创新、组织设计和战略管理，占领了市场，成为经济的主导力量。

◎ “看得见的手”是谁？

钱德勒通过历史考察指出，在19世纪末到20世纪初，美国经济结构发生了巨大转型。

传统的市场交易逻辑是这样的：

消费者想要某种商品 → 企业家投资生产 → 市场机制决定价格与分配 → 每个环节都靠“市场协调”。

而到了铁路、电报、电力等基础设施迅速发展的时代，生产链条被拉长，供应系统变得复杂，这时候“市场的手”就显得有点笨拙，协调不过来。

这时，企业家们干脆不等市场“调度”，自己出手。钱德勒称这类公司为“行政协调型企业”。

他们内部建立了完善的采购、生产、库存、销售、运输等系统，由内部的“经理人”来指挥资源，而不是由市场价格来决定。简单来说：一个公司自己就是一个“小市场”。

◎ 铁路企业如何打破市场逻辑？

最典型的例子之一，是铁路。

在19世纪的美国，铁路公司是最早也最复杂的大企业之一。它们要连接全国上千个城市、几万个站点，每天协调成千上万辆列车和货运调度。这已经远远超出了个体“自由竞争”的范畴。

为了解决这些复杂问题，铁路公司引入了三个制度创新：

- 明确分工：划分区域管理、设定路线经理；
- 数据驱动：用统计报表提高调度效率；
- 层级结构：建立总经理、部门经理、现场调度三级系统。

这相当于一整套“内部国家机器”。

钱德勒指出，这就是“看得见的手”：它不是市场调节的结果，而是组织决策的产物。而这种模式，后来被广泛复制到制造业、零售业、金融业，成为现代企业的基本骨架。

◎ 制造业的接力：从杜邦到通用汽车

你可能听过“杜邦公司”，其最早发家于炸药制造，但到了20世纪初，它成为现代管理结构的“教父”。

杜邦遇到的问题是：他们生产的种类越来越多，分厂越来越多，但利润越来越难算清楚。于是他们发明了两个划时代的工具：

· ROI（投资回报率）：帮助公司识别“钱投在哪里最划算”；

· 产品事业部制：负责每种产品的事业部相当于一个小“公司”，独立核算，自负盈亏。

这些工具不仅帮助杜邦解决了自身问题，还重塑了整个管理学。而通用汽车（GM）在杜邦模式的基础上发展出“多品牌、多价格”战略，配合严格的垂直管理体系，把福特狠狠甩在了后面。

你以为自己买的是“雪佛兰”或是“别克”？其实背后都是GM一家公司运作的结果。你的“选择自由”，其实是经理人战略设计的成果。

◎ 市场真的“无所不能”吗？

钱德勒挑战的不只是企业管理逻辑，更是经济学中一个根深蒂固的神话——“市场是最有效率的配置机制”。

他的研究显示：

· 在高速增长的产业中（如交通、能源、通信等），企业内部协调反而更高效；

· 规模经济、范围经济、学习曲线效应，使得内部整合比市场采购更划算；

· 企业通过计划、组织、命令，而非价格机制，完成资源最优配置。

这让我们重新思考一个问题：我们总以为“自由市场”是最好的机制，但在很多复杂情境下，“有组织的协调”才是关键。

这也启示我们：面对互联网平台、科技巨头等新型经济组织，我们不能再简单地用传统经济学去评判它们的行为是否“反市场”，因为它们早就用“看得见的手”重构了市场边界。

◎ “看得见的手”对你的影响远超你想象

你可能会问：“这本企业史关我什么事？”

钱德勒的意义就在于：他揭示了现代生活背后的“经济建筑”。

你今天用的智能手机，其供应链可能跨越30个国家，牵涉数百家公司，而它的整个生产、物流、售后系统，都是由苹果、三星、华为这样的超级企业内部协调出来的。

再比如，亚马逊的“次日达”，你以为是市场竞争带来的便利，但实际上，这是它花了二十年构建起来的全球仓储物流系统。它知道你在哪里，知道你想买什么，知道怎么在你下单后12个小时内送到你手上。

这些不是“看不见的手”的魔法，而是“看得见的手”的工程。

※ 小结：管理是现代经济的“引擎”

《看得见的手》这本书告诉我们：

- 市场并非万能，组织同样重要；
- 企业不仅是生产者，更是经济秩序的塑造者；
- 管理体系和组织设计，是影响经济效率的关键变量；
- 在现代经济中，经理人是资源配置的主力军；
- 我们的“选择”，早已被无形地引导。

它不仅改变了经济学对企业的理解，也为管理学奠定了理论基础，影响了后来的彼得·德鲁克、迈克尔·波特等大师。

如果你曾以为企业只是“服从市场”的机器，那么《看得见的手》将让你重新认识：在现代社会中，许多最关键的资源流动，并不是“自发秩序”，而是有人用“看得见的手”在安排。

了解它，你就更能理解自己所处的经济世界到底是怎么运转的。

13 《囚徒的困境》（威廉·庞德斯通）

——在冲突与合作之间，博弈论会给出怎样的策略？

在日常生活中，我们总是被各种“人际算计”包围。

商战中的价格大战、夫妻之间的分工协作、同事间的资源竞争，甚至是你和隔壁邻居的“装修噪声战争”……这些场景看似各不相同，背后却隐藏着一个相同的逻辑：博弈论。

博弈论不是关于“打牌”或“下棋”的学问，而是研究在你做决策时，他人的选择如何影响你结果的一门科学。而《囚徒的困境》这本书，正是通俗讲解博弈论的经典代表。

作者威廉·庞德斯通以极其精彩的笔触，把抽象的理论和活生生的现实案例紧密结合，让我们看到：我们做出的每一个决定，几乎都处在一个“博弈场”中。

◎ “囚徒的困境”到底是什么？

故事起源于这样一个设想。

有两个罪犯被警方抓获，但警方掌握的证据不足。于是警方分开审讯两人，并分别提出交易条件：

- 如果你指认同伴，而对方沉默，你将获释，对方坐牢10年；
- 如果两人都招供，各判刑5年；
- 如果两人都保持沉默，各判刑1年（因证据不足）。

这时候每个人都陷入了一个选择困境：合作（保持沉默）还是背叛（招供）？

理论上，两个囚徒如果都保持沉默，只坐1年牢；但在不信任对方的情况下，每个人都更倾向于“自保”而背叛对方。于是，最后的结果往往是双输——两人各被判5年。

这就是著名的“囚徒困境”：当理性个体追求自身最优时，整体结果却变得更差。

◎ 博弈论不是“阴谋论”，而是理性计算

庞德斯通在书中强调，博弈论研究的不是“坏人怎么算计好人”，而是在缺乏信任、信息不对称、利益冲突的场景中，理性人会怎么做决策。

比如两个超市面对面而开，今天你降价1元，明天我跟着再降。最后结果可能是打“价格战”，双双以亏本收场。

这不是因为他们贪婪，而是因为彼此都担心对方不合作，所以宁愿牺牲利润来保住市场份额。这就形成了典型的“非合作博弈”。

庞德斯通特别强调：“经济人模型”并不意味着人类冷血，而是告诉我们，即便是最善良的初衷，如果置于博弈结构中，也可能导向灾难。

◎ 博弈论的经典应用：超越直觉的经济策略

在《囚徒的困境》一书中，庞德斯通详细讲解了多个现实中的博弈案例，以下是几个典型案例。

① 广告大战：可口可乐与百事可乐

你有没有想过，为什么全世界的可乐品牌都在疯狂投广告？

如果没有广告，大家省下一大笔钱，各自靠口味赢市场，岂不是更好？但问题是——谁都不敢先停。

可口可乐担心“我停了广告，百事还在打，市场份额会被抢走”，反之亦然。

这就是“囚徒困境”的企业版：即使不打广告对双方都有利，但因为互

不信任，双方都选择继续烧钱。这在博弈论中被称为“纳什均衡”——没有人有动力单方面改变策略，即使整体结果不是最优的。

② 军备竞赛：美国与苏联

在冷战时期，美苏的军备竞赛也是一场博弈：你造核弹，我就必须比你多一枚；你部署导弹，我就必须强化反导系统。

即使双方都知道“裁军”才是双赢，但在对彼此缺乏信任的前提下，结果只能是不断升级的消耗战。

这揭示了博弈论一个极其重要的核心思想：制度和信任，是破解困境的关键。

③ 牛奶价格战

书中提到，美国超市之间曾陷入“牛奶价格战”——各家为了吸引顾客，竞相将牛奶降价销售，甚至卖到亏本。

按理说大家维持正常价格更有利，但没人敢先停。沃尔玛一降，塔吉特、克罗格就得跟着降。结果：谁都没赢，利润全被压缩。

这正是囚徒困境在商业中的缩影：如果缺乏协调机制，即使大家都知道合作更好，也会因不信任而选择竞争。

波音和空客的补贴战、外卖平台的补贴大战，也都是类似的逻辑。

◎ 从“静态博弈”到“重复博弈”：长期主义的胜利

庞德斯通指出：“囚徒困境”的结局在一次性博弈中注定悲观，但如果将其不断重复，就可能出现不同的结果。

这就是“重复博弈”。

博弈论大师阿克塞尔罗德曾举办过一个“博弈竞赛”：邀请世界各地的学者提交博弈策略程序，在模拟“重复囚徒困境”中对战。最终胜出的，是一个极为简单的策略——“以牙还牙”。

规则是：第一轮合作，之后复制对方上轮行为。

这个策略的优点是：鼓励合作、惩罚背叛、容易被识别、不会先攻击——极其适合建立信任。

这给了商业世界极大启发：长期合作的稳定性，远高于一次性博弈的最大化收益。

在现实生活中，许多成功的企业家恰恰是“重复博弈”的高手。他们明白，“信任”比眼前的利润更值钱。

◎ 政府为何要“干预”博弈场？

博弈论还有一个深远的现实意义：它解释了政府存在的经济逻辑。

市场失灵的根本原因之一，正是“囚徒困境”：当个人的理性选择累加后，反而带来集体的不理性结果。

比如，所有企业都不愿意主动减少污染，因为担心影响利润；但每个企业都制造污染，整个社会就完蛋了。

这时候，政府就必须出面制定规则、设定惩罚机制、激励合作，从而打破囚徒困境，实现“帕累托改进”（即让某些人变得更好，而没人变得更坏）。

庞德斯通通过这些案例，让我们意识到：经济不是“自由放任”，而是“设计合理的规则”。

※ 小结：博弈无处不在，我们该怎么应对？

看完《囚徒的困境》，你会发现——我们每天的生活，几乎都身处各种“博弈”之中：

- 和老板谈薪酬，是博弈；
- 在淘宝上砍价，是博弈；
- 想方设法让孩子多吃几口饭，其实也是博弈！

但庞德斯通提醒我们：了解博弈的本质，不是为了操纵别人，而是为了更聪明地保护自己。

如果你明白了“囚徒困境”，你就会在冲突中不再一味追求赢，而是寻找双方都能接受的合作点；

如果你懂得“重复博弈”，你就会在日常关系中更珍惜信誉，而不是被一时的得失所蒙蔽。

《囚徒的困境》远不只是一本经济学入门书，它是一本“人生策略指南”。

· 它让你在面对竞争、合作、博弈时，更清醒地看清结构和走向；

· 它教你不再陷入“输赢思维”，而是寻找“共赢解法”；

· 它甚至能帮你在日常沟通、商业谈判、婚姻家庭中，避免那些看不见的“关系陷阱”。

经济学不仅是研究市场的工具，更是理解人性的钥匙，而这把钥匙，就藏在每一次看似“简单”的选择之中。

14 《美丽心灵：纳什传》（西尔维娅·娜萨）
——一个天才如何改变世界的博弈方式？

在经济学的浩瀚星海中，约翰·纳什（John Nash）是一颗独特而闪耀的恒星。他不是典型的经济学家，却凭借一篇仅有28页的博士论文，永远改变了人类理解竞争与合作的方式。他的“纳什均衡”理论，不仅为微观经济学和博弈论奠定了核心框架，也深刻影响了金融、政治、商业乃至人工智能。

西尔维娅·娜萨在《美丽心灵：纳什传》一书中，用极富文学性的笔触勾勒出纳什传奇般的一生：天才、孤独、疯狂与荣耀交织其中。但这不仅是一部人物传记，更是一部“思想的传记”。透过纳什的命运与思想，我们得以窥见博弈论背后的深层逻辑，也明白为什么“选择”这件事，本身就是一场博弈。

◎ 数学天才的早熟与孤独：纳什的前半生

约翰·纳什出生于1928年的美国西弗吉尼亚州，从小就是“异类”。他在学校沉默寡言、不善交际，却能在数学世界中如鱼得水。他不喜欢按部就班地学习，甚至对老师讲解的内容嗤之以鼻，常常独自在家啃微积分和拓扑学。

娜萨在书中写道：“他不是一个正常的孩子，而是一个为了思考而存在的孩子。”在这一点上，纳什的成长经历让我们意识到，真正改变世界的思维，往往不源自循规蹈矩，而源自对世界逻辑的“异端质疑”。

18岁时，纳什进入卡内基理工学院；21岁时，他被普林斯顿大学数学系录取，并在那里写下了那篇改变经济学史的论文——《非合作博弈》。

◎ 什么是“纳什均衡”？一次颠覆经济学的革命

“纳什均衡”（Nash Equilibrium）是博弈论中最核心的概念。简单来说，它是指：在一个博弈中，如果每个参与者都已选择了自己的最优策略，而在其他人的策略不变的情况下，任何人都没有改变策略的动机，那么这一组策略就是“纳什均衡”。

听起来有些抽象，我们来看一个经典的例子——两家比萨店的定价博弈：

假设一个社区里有两家比萨店：A店和B店。两家店的价格策略如下。

如果都定价25元：每家每天卖出100份。

如果A店降价至20元而B店维持25元：A店卖出150份，B店只卖出50份。

如果两家都定价20元：打价格战，每家卖出80份，利润下降。

此时，如果你是A店，你会怎么做？如果你预期B店不降价，你有动机降价抢市场；但B店也会做同样的考虑。最终，结果往往变成双方都降价——价格战爆发，双输。

但到了一个“僵持点”，即大家都意识到再降价对双方都没好处，也没人愿意再动，这就是“纳什均衡”。

这不是最佳结果，但却是“无动机改变”的稳定状态。

纳什的突破在于：他不再要求博弈各方“合作”才能达成均衡，而是提出，即使在完全非合作的条件下，理性人之间也能达成一种相对稳定的战略平衡。

这直接颠覆了凯恩斯、亚当·斯密等传统经济学家关于“市场自然达到最优状态”的假设，给市场博弈逻辑增添了理性、冷峻的现实视角。

◎ “纳什均衡”的现实意义：理解世界的“暗流”

《美丽心灵：纳什传》的可贵之处，是它不仅讲清了“纳什均衡”的理论本质，更展示了它在现实生活中的广泛应用。

① 市场竞争中的价格策略

两家手机厂商——比如苹果和三星——在推出新机型时，都会根据对方的动向决定自己的售价、发布时间、广告投放力度。如果一方单方面降价，可能损害利润；如果两方都高价推出，或许会流失用户。这种“你怎么走，我就怎么走”的策略平衡，几乎每天都在上演。

这里的“定价博弈”，正是典型的“纳什均衡”场景。

② 股市博弈：情绪与策略之间的博弈

投资者A认为“现在该抄底”，但也知道“别人会怎么想”才是关键——如果大家都觉得要抄底，反而会推高股价，导致自己买贵了；如果大家都恐慌抛售，他若此时抄底，就可能抄在半山腰。

这就是“预期的预期”，是博弈的本质。“纳什均衡”在金融市场的应用，正是基于人们会理性地猜测别人怎么猜自己，从而选择策略。

③ 国际关系：核威慑与冷战战略

纳什的思想曾深刻影响冷战时期的美苏博弈。两国都拥有核武器，都知道开战会是双输，但也不能贸然裁军，怕被对方乘虚而入。最终达成的就是一种“恐怖平衡”——这正是一个宏观层面的“纳什均衡”。

◎ 纳什的精神危机：天才的代价

《美丽心灵：纳什传》的另一条主线是他与精神分裂症的漫长斗争。

30岁出头，纳什开始出现妄想、幻觉、自我迫害等症状，认为自己被外星人监视，听到“宇宙的声音”。他在数学圈淡出，被诊断为精神分裂，长期住院治疗，甚至一度流浪街头。

令人震惊的是：他的思维依旧清晰，对数学的热情从未熄灭。尽管不能工作，他仍坚持在黑板上演算、在走廊与自己“讨论问题”。

直到20世纪90年代，纳什的症状慢慢缓解，他重新出现在学术会议上。1994年，他获得诺贝尔经济学奖，现场鼓掌声音最响的，不是旁人，而是他当年的医生与同事。

这段人生旅程，不仅是科学史的传奇，更是一部天才如何与自己“博弈”的心理史诗。

◎《美丽心灵：纳什传》带给我们的关键思维：如何在博弈中活得更明白？

娜萨用大量细节展示：从纳什的精神病发作、中断与重启，到他最终重返普林斯顿领奖，我们可以在人格与理性之间看到博弈思维的力量，更看到它的不完美与现实挑战。

以下是我们可以借鉴的几条实践路径。

① 识别博弈结构

在商业谈判、团队分工、恋爱关系等场景中，当你能转头用“博弈矩阵”分析时，你就能预测对方动机，减少决策盲区。

② 预判对方反应

“纳什均衡”的核心在于“设身处地”，将自己与对方置于策略交叉视角，用“如果我是对方”思路判断对方反应。

③ 主动协调，建立制度

在难以建立信任的博弈中，你可以尝试引入“规则划分”“第三方仲裁”“合同机制”，打破一次性博弈的困境，转向长期合作博弈。

④ 应对不合理者或极端情绪

纳什一生曾忍受精神病折磨，但他理解心理“故障”并针对“不可理喻一方”的博弈行为调整策略——不必苛求所有人理性，但必须识别谁能参与“理性博弈”。

※ 小结：一个人改变了整个世界的思考方式

《美丽心灵：纳什传》不是一本“经济学原理”教科书，而是一场横跨数学、经济、心理与人性的思想冒险。它让我们看到：

- 一个青年如何用纯粹的逻辑武器挑战整个经济学体系；
- 一个曾陷入黑暗的人，如何靠思维走出泥沼；
- 一段理论，如何照进现实，改变无数人的策略行为。

也许，我们无法成为天才，但我们可以学会用“博弈的眼睛”看世界。

在生活的每个选择的十字路口，问问自己：我现在所处的，是什么博弈结构？我和别人之间，有没有“最小改变动机”？

只有理解了这一点，你才真正踏入了策略的殿堂——而这，正是《美丽心灵：纳什传》带给我们最珍贵的礼物。

15 《贫穷的本质》（阿比吉特·班纳吉、埃斯特·迪弗洛）

——为什么扶贫要从理解“选择的限制”开始？

如果你认为贫穷只是因为“懒惰”或“缺钱”，那你很可能陷入了思维的陷阱。

《贫穷的本质》是一本颠覆传统的经济学著作，它不像《国富论》《发展经济学导论》那样宏观高远，而是像一位耐心的田野调查者，走进孟加拉国的农田、印度的教室、肯尼亚的诊所，去问：一个生活费不足2美元/日的人，到底是怎么做决策的？为什么看似简单的“理财”“投资”“吃饭”这些行为，在贫困者身上呈现出完全不同的逻辑？

本书的作者——麻省理工学院的经济学家阿比吉特·班纳吉与埃斯特·迪弗洛，因这一系列“反直觉”的研究成果，获得了2019年诺贝尔经济学奖。他们用最踏实的方式回答了一个大问题：

“贫穷到底是经济问题，还是选择问题？”

◎ 扶贫的误区：我们误解了穷人做出的“选择”

很多扶贫政策假设：只要给穷人钱、粮食、疫苗、教育，问题就解决了。但现实却是：

- 免费的蚊帐发下去，很多人不愿使用；
- 公立学校免费，家长却仍然送孩子去收费的“草根学校”；
- 给农民发肥料，他们却宁愿留着钱买节日的烟花。

为什么会这样？原因是懒惰吗？是无知吗？是“穷人不配好政策”吗？

不，班纳吉和迪弗洛提出了一个核心观点：

穷人并不是“非理性”的，而是处在极端条件下的理性选择者。

他们和我们一样，考虑风险、判断机会、追求尊严。只是他们的“选择空间”被限制得非常狭窄。你以为他们“选择错误”，但其实他们只是在有限的资源中做出了最能保命、亏损最少的判断。

理解贫穷，不是用同情，而是用“经济学的视角”去理解他们的生活决策逻辑。

◎ “为什么穷人不投资自己？”——教育的悖论

班纳吉团队曾在印度和肯尼亚追踪数千个贫困家庭。他们发现，很多父母并不愿意让孩子“接受完整教育”，只让孩子学会基本读写就送去打工。这让很多人疑惑：不是说教育能改变命运吗？为什么穷人不“下重注”在孩子身上？

原因之一是“边际回报的不确定”。

穷人非常现实——他们必须追问：“孩子多读三年书，真的能赚更多钱吗？”

在很多发展中国家，教育体系质量极不稳定，基础教育可能效果还不错，但高中、大学教育的成本高、门槛多，毕业后并不一定有高薪回报。相比之下，早点让孩子去赚钱，对家庭来说是“可见的收益”。

这在经济学中叫作“理性短期主义”：当未来太不确定时，人们倾向于抓住眼前能确定的利益。这不是落后，而是极端风险环境下的一种“本能保护”。

◎ “为什么穷人不储蓄？”——行为经济学的解释

穷人明明知道自己收入不稳定，为什么还不攒钱？这背后其实有以下原因。

① 缺乏安全的储蓄工具

在许多贫困国家，没有银行账户意味着没有安全的储蓄环境。把钱藏在家里随时可能被偷、被亲戚借走、被家庭其他成员拿去消费。

于是，很多穷人采取极端办法——“逼自己攒钱”，比如把钱交给邻居保管，或者加入“转账轮盘”（集体储蓄会），虽然这种方法极不稳定，却反映了一个真相：不是不想储蓄，而是没有合理通道。

② 大脑的决策资源被“贫穷”消耗掉

班纳吉引用了一个经典实验：让两组人分别回答同样的问题，一组是“富裕者”，一组是“刚经历金钱焦虑的人”。

结果后者的认知能力大幅下降。换句话说，贫穷就像是“脑力税”，它让人疲于应对每天的琐碎决策（吃什么？水费缴了吗？怎么搭公交省1元钱？），而无法投入“长期打算”中。

这也解释了“行为经济学”中的一个悖论：越穷，越难做出理性的长期储蓄决策，并不是智力不足，而是“认知带宽”被消耗完了。

◎ “为什么穷人不吃得更好？”——营养的谜题

很多国家的扶贫项目都强调营养改善，发放大米、油、维生素等补剂。但研究发现：许多贫困家庭宁愿用钱去买电视、手机、节日的甜点，也不愿意多吃蛋白质、蔬菜。

很多政策制定者觉得：这不是穷人“不知好歹”吗？

班纳吉的解释耐人寻味：穷人追求的不是“最饱”，而是“生活的一点尊严感”。

当你长期吃糠咽菜时，一点“口腹之欲的快乐”就成为生命中的亮光。他们并非不知道什么是营养，而是在长期匮乏中学会了心理慰藉优先于生理满足。

有的农民说：“你让我每天只吃营养粉，却不能让我节日时买一瓶汽水，这日子还有什么意思？”

这告诉我们：扶贫不应只是物质的供给，更需要理解“人的欲望结构”。

◎ “为什么穷人创业难？”——信贷、保险与失败的代价

很多人鼓励“穷人靠创业脱贫”，甚至微型贷款项目大量涌现。但现实是，只有极少数人真正从微贷中实现飞跃，大多数人仍然原地踏步。

原因在于：

• 微贷金额小，无法用于“高回报”的投资，只能做点“边缘买卖”；

• 缺乏保险机制，一场雨灾、一个亲人住院，就足以摧毁微型生意；

• 失败成本太高，不像中产阶级能“试错”，穷人一次失败可能就会家庭崩盘。

这说明：“创业”对中产阶级来说是选择，对穷人来说是赌博。而且贫穷者的社会网络也更弱，他们无法像富人一样“借资源、找人脉、托关系”，只能靠自己一点一点苦拼。

班纳吉和迪弗洛认为：真正有效的创业支持，必须和社会保障体系配套，让穷人敢于承担失败的风险。

◎ 政策建议：用“实验经济学”指导扶贫

与传统发展经济学家不同，班纳吉夫妇坚持使用“随机对照试验”（RCT）来测试扶贫措施。就像药物试验，他们让部分村庄接受政策干预，另一些做对照组，通过数据看真实效果。

以下是他们提出的几点关键建议：

• 政策要“微观化”：不要追求一次性解决所有问题，而是要逐个环节拆解、优化。

• 设计要“接地气”：比如提供种子时搭配农技服务，发放疫苗时搭配健康教育，才能让政策真正落地。

• 把穷人当作“理性决策者”而不是“被救助者”：尊重他们的选择逻辑，帮助他们做出更好的选择，而不是强迫、替代他们决策。

※ 小结：从“怜悯”到“理解”，从“布施”到“赋能”

《贫穷的本质》不是一部“煽情的书”，它没有让人落泪的故事，没有悲情的描述，有的是冷静的数据、真实的声音和精确的逻辑推演。

它让我们意识到：

· 贫穷不是“低智”或“懒惰”，而是一个复杂的制度、心理、信息结构问题；

· 扶贫不是给钱、给食物那么简单，而是理解贫穷者“做选择”的环境；

· 真正的帮助，不是替他们做决定，而是扩展他们的选择空间。

如作者所说：

“我们并不比他们聪明，我们只是幸运地生在了更容易做出好决策的世界。”

这本书不光是写给政府和NGO（非政府组织）的，也值得每个普通人阅读。因为在这个日益不平等的世界里，理解贫穷，不只是对他人的同理心，更是对未来社会可持续性的洞察力。

理解“贫穷的本质”，也是理解经济学的本质：选择，并非都自由；理性，也常常受限。

16 《策略思维》（阿维纳什·K. 迪克西特、巴里·J. 奈尔伯夫）

——如何像经济学家一样，在竞争中决策？

你是否有过这样的时刻：

- 在职场会议上，想提建议又怕得罪人；
- 在打折促销时，犹豫是等更低价还是立刻下单；
- 你知道别人也在观察你，于是你开始揣测对方的想法，而对方可能也在揣测你……

欢迎来到策略的世界。

在《策略思维》这本书中，普林斯顿大学经济学系的迪克西特教授与耶鲁大学管理学院的奈尔伯夫，以轻松幽默又逻辑严密的方式，带我们走进博弈论在真实世界中的应用。他们不讲枯燥的推理公式，也不沉迷于数学模型，而是用一个又一个贴近生活的例子，帮你理解：在这个你来我往、你中有我、我中有你的世界，真正聪明的人，是怎么做决策的。

◎ “你不是一个人在做选择”

经典经济学假设“每个人都是孤立决策者”，但现实生活不是考试，而更像是斗地主。你出一张牌，别人立刻根据你出的牌做出反应，然后你再调整策略。

迪克西特和奈尔伯夫反复强调：

真正有用的思维方式，叫作“Strategic Thinking（策略思维）”，也就是，我的选择会影响你的选择，你的反应会影响我的下一步。

比如：

· 你们是商场的两个竞争对手，你降价，可能逼得对方也降，最终两败俱伤；

· 你是军队指挥官，如果让敌人知道你会“绝不后退”，反而能吓退敌人；

· 你是一个求职者，透露“手上有其他offer（录用通知）”，可以让面试官加快决策速度。

这种策略博弈在生活中无处不在，而《策略思维》正是为你打开这扇“有意识地玩游戏”的大门的钥匙。

◎ “后发制人”与“先声夺人”

在《策略思维》中，作者用大量“顺序博弈”的例子，来揭示一个重要原理：

有时候，先动者有优势；但有时候，后动者更能占便宜。

麦当劳与汉堡王

麦当劳往往先选址，比如在一个人流密集的转角建店。不久之后，汉堡王会紧随其后，在附近开设门店。这不是偶然，而是策略：

· 麦当劳承担了“探索风险”，选错地段就血亏；

· 汉堡王“坐享其成”，“你选的地方能赚，我就跟着来，不行我就绕开”。

这是典型的后动优势。

但反过来，如果是定价博弈，先动者可能更能占据上风。

可口可乐与百事可乐的涨价竞赛

若可口可乐先提价，观察消费者反应，再看百事可乐是否跟进，那它就拥有“市场号召力”与“价格锚定”的先动优势。

经济学的建议是：

- 如果你的行为会引导对手跟进（比如你是“老大”），争取先动；
- 如果你能观察对方、根据对方反应做调整，那就耐心后动。

生活启示：有时候主动出牌是一种力量，有时候沉默以待是一种智慧。

◎ 做决定前，先想“对方会怎么想你会怎么想”

这听起来像绕口令，但这就是博弈论中最经典的“理性递归思维”。

“猜数字游戏”

《策略思维》的作者曾在课堂上做过一个游戏：大家在1～100中选一个数字，目标是接近“全班平均数的2/3”。结果如何？

有人猜50，认为平均数可能是50；

有人猜33，认为大家会猜50；

有人更聪明，猜22，因为他推理大家会猜33……

这就是博弈论中的“理性猜测迭代”：我猜你会怎么想我会怎么想你……

当然现实不会迭代无限次，人类毕竟不是超级电脑。研究表明，大多数人会在第二层或第三层思维就停下。掌握这个层次，就足以让你在大多数博弈中“略胜一筹”。

生活中什么时候能用？

- 买房谈价：预判卖家“心理底线”；
- 商业谈判：控制信息释放，打乱对方预期；
- 职场晋升：判断上级是否会被你的“主动表现”带动或有所防备。

◎ “不合作博弈”：双输的陷阱与破局之道

在经典“囚徒困境”模型中，两位嫌犯如果都保持沉默，都可能获轻判；但因为担心对方“反水”，结果两人都认罪，反而两败俱伤。

而这正是很多商业场景的真实写照：

航空公司票价大战

两家航空公司竞争同一条航线。大家本可以默契地保持价格稳定，但怕对方偷偷降价抢客户，于是纷纷启动价格战。结果不是赢得客户，而是让行业利润下降。

按照经济学术语来说，“纳什均衡”不等于“最优解”——每个人按自己的最优选项行动时，反而可能达不到集体最优。

怎么办？书中提出几个破局方法：

- 重复博弈：长期合作关系让你不敢轻易背叛；
- 惩罚机制：设立“反水就吃亏”的后果；
- 先表态承诺：比如“先公布自己降价上限”，来建立信任。

这个理论同样适用于国际政治（军备竞赛）、夫妻关系（家务分担）、部门协作（抢资源）等领域。

◎ 承诺、威胁与“破釜沉舟”

有时候，削弱自己反悔的能力，反而能让对方信你。

这听起来反常，但其实并不是，而是一种现实的策略。

科尔特斯“烧船登陆”

1520年前后，西班牙征服者科尔特斯登陆墨西哥后，下令烧掉船只。士兵们知道已经没有退路，只能拼死战斗。

这种“制造无退路”的行为，反而在博弈中形成强有力的威慑：对方知道你“说到做到”，就可能退缩。

同样的：

- 商场打出“最后一天特价”；
- 体育比赛中“如果输，就被淘汰”；
- 政客在媒体上宣布“不达目标就辞职”；
- 国家“越过红线就出兵”。

都是通过“自我约束”，建立可信度，从而获得博弈优势。

生活建议：适度释放你的“破釜沉舟”姿态，有时反而是博弈胜利的关键。

◎ 信息的力量：透明 ≠ 最好

有时候，多一点信息可以帮助做决策，但有时候知道太多，反而会让人举棋不定，甚至破坏合作。

书中用一个桥段说明了信息的“悖论”：

两名司机开车过独木桥

如果双方都知道对方“不愿让”，可能都不让，最终撞车；但若有一方故意“闭眼开车”，反而能吓退对手。

这不是鼓励鲁莽，而是说明：在一些策略博弈中，“模糊、不确定”反而是一种威慑。

这在谈判中尤为常见：如果你在开价前就暴露了全部底牌，对方可能直接压缩你的空间；如果你留一手，保持信息不对称，就有可能创造博弈筹码。

※ 小结：真正的高手，不是最聪明，而是最会“换位思考”

《策略思维》这本书并不高冷，也不教你“勾心斗角”。它的核心，是希望我们具备一种更成熟的思维：

- 在做决策前，考虑别人的反应；
- 在谈判前，判断对方的激励机制；
- 在竞争中，利用规则而不是打破规则。

书中的每个案例，都像一面镜子，照出我们日常生活中“冲动型决策”的短视与误判。而“策略思维”真正想做的，是帮我们养成一个习惯：

不急于行动，先判断场景；不只想自己，更想对方怎么想你。

毕竟，你不是一个人在做决定。

17 《经济学的思维方式》（托马斯·索维尔）
——经济学真的只是“供需”这么简单吗？

在人们对经济学的种种误解中，有一个最常见的观念是：“那是专家才看的东西，离我太远。”价格、利润、工资、福利、税收、房价、教育、医疗……这些明明是我们每天都碰到的问题，却很少用经济学的逻辑去理解。

托马斯·索维尔，这位出身贫寒、一路靠奖学金与努力逆袭的经济学家，在《经济学的思维方式》一书中，用一针见血的语言告诉我们：

经济学不是高深莫测的理论，而是对现实世界中有限资源如何分配的常识性观察。

这本书没有复杂公式，也不引经据典。它讲的是你和我身边每天都发生的事——为什么房租涨不停？最低工资真的能帮助穷人吗？政府补贴真的利民吗？为什么好的初衷常常带来糟糕的后果？

索维尔用清晰、犀利且逻辑严谨的笔法，一步步引导我们用“经济学的眼睛”，看清那些“看似合理”的政策背后，到底隐藏了多少“反常识的陷阱”。

◎ 最低工资：在“帮助穷人”这件事上，我们错了几次？

很多国家推行最低工资制度的初衷是好的：防止企业压榨员工，给底层劳工一个“体面生活的保障”。

但是，索维尔告诉我们一个直白的现实：当你人为提高某种价格，就会人为减少对它的需求。

工资也是价格——是雇主为劳动力所支付的“价格”。当这个价格被强行设定得过高，企业会怎样？

他们会：

- 减少雇佣人数；
- 提高岗位要求（让一个人干两个人的活）；
- 转向自动化（比如麦当劳的自助点餐机）；
- 干脆搬去别的国家。

结果：本来想帮到的人，反而更难找到工作。

尤其是那些刚毕业的年轻人、技能不足的人，本来能从“低薪起步”积累经验，却被“最低工资”排除在门槛之外。

举个书中提到的真实案例：

在美国某州将最低工资从7.25美元调至15美元后，许多中小企业裁员，兼职岗位迅速减少，黑工市场反而扩大。受害最大的是无文凭、无经验的年轻人。

这不是对“劳工权利”的冷漠，而是一种现实主义的经济观察：政策不能只看“意图”，更要看“后果”。

◎ 租金管制：让房租便宜，是好政策还是灾难开端？

同样地，政府出于“照顾低收入人群”的考虑，常会推出“设置租金上限”“房东不得随意涨租”等政策。

听起来既公平又温暖对吧？可索维尔举出一个令人震惊的事实：租金管制最成功的地方，恰恰是房子最难租的地方。

因为当政府限制了租金上涨空间：

- 房东就不愿意维护房屋；
- 房东不愿投资新建出租房；
- 地产市场供给锐减，租房质量急剧下降；
- 黑市转租、地下室出租、以权谋私等现象频出。

书中引用了纽约的租金管制案例：在严格限制租金的背景下，一些老旧房屋年久失修，居住条件恶劣；而同时，新建商品房数量大幅下降，导致真正想租房的年轻人“排队数月也找不到房”。

政府虽控制了“价格”，但却打破了“激励机制”，最终让整个住房市场失灵。

索维尔讽刺地写道：最便宜的房子，是不存在的房子。

经济学不是道德评判，而是观察因果链条：你控制了价格，价格就不再传递“真实的市场信号”，资源配置就会出问题。

◎ “公共利益”的迷思：为什么“为你好”的政策常常伤你最深？

政府推出的政策，经常以“公共利益”的名义出现，比如补贴新能源汽车、限制某类行业广告、鼓励某类投资……

但索维尔提醒我们一句：

凡是以“公共利益”为名的政策，必须接受最严格的怀疑。

《经济学的思维方式》中有两个典型例子。

① 教育补贴

出发点是好的——让更多人接受大学教育。但现实却变成了：

- 学费越补越高，学校反而有恃无恐；
- 学生贷款增加，毕业即负债；
- 市场上充斥着“无用文凭”，学以致用者寥寥。

结果：教育资源被“人为推高”，反而造成供需错配。

② 粮食价格保护

许多发展中国家为“保护农民利益”，设定粮食最低收购价。但结果却是：

- 政府粮库爆仓，财政支出激增；
- 黑市交易滋生；
- 真正穷困的农户因为生产力低，反而卖不到“高价”。

这种政策最终成为“大型农场”和“政商关系户”的盛宴，而不是贫苦农民的救命稻草。

索维尔一针见血地指出：“政策不能只问‘谁受益’，更要问‘谁买单’。”

◎ 价格机制：不是剥削，而是协调复杂社会的信号系统

索维尔与哈耶克一样，都强调一个观点：

“价格，是这个世界最有效的信息分发系统。”

比如，当咖啡豆大幅减产时，价格上涨并不是“无良商人牟利”，而是一种市场信号：提醒消费者节约消费，引导生产者扩大供给。

打破价格机制的行为，比如限价、补贴、管控，会扭曲信号、延迟反应、制造短缺或造成浪费。

书中提到20世纪70年代美国实行“汽油限价”，结果却是：

- 加油站排长队；
- 黑市汽油泛滥；
- 油商宁愿不卖，也不愿亏本经营。

与之相反，放开价格后，市场很快恢复供需平衡，排队现象消失。

这是经济学最基本却最容易被忽视的常识：价格不仅仅是成本+利润，它是一种社会协调机制，是自由选择与供需反馈的交汇点。

◎ “意图与后果”：用常识解构流行观点

《经济学的思维方式》的最大特色，在于它不是教你记住一堆理论，而是提供一个思维框架：

- 别只看目的，看过程；
- 别只看表面，看激励；
- 别只听口号，看事实。

比如，政府鼓励“本地采购”，听起来是振兴地方经济，但代价却是牺牲效率、破坏分工、价格上升；

再比如，某些“环保政策”强行淘汰老旧设备，短期造成大批企业破产，员工失业，环境改善却遥遥无期；

还比如，强调“企业该为员工幸福负责”，听起来合理，但却可能引发用人成本上升、小微企业倒闭、灵活岗位消失……

每一个看似“善意”的政策背后，都必须用经济学的“常识”去分析它的副作用与替代成本。

索维尔一再强调“没有什么是真正免费的”，每一项政策都有成本，只是你有没有看见、有没有承认罢了。

※ 小结：经济学是“对抗幻想的常识”

《经济学的思维方式》读来最震撼的，不是它提出了什么惊世理论，而是它用无数现实中的例子让我们明白——

- 很多“善意的政策”，是对经济机制的误解；
- 很多“平等的诉求”，忽略了激励的作用；
- 很多“进步的口号”，脱离了资源约束的现实。

经济学的任务，不是提供道德判断，而是揭示激励结构和资源流向。

当我们每个人都学会用常识看待政策、用逻辑分析现象，才不至于在舆论的喧嚣中迷失方向，也才真正拥有了参与公共讨论的资格。

因为懂经济的人，不只是更富有，还更清醒。

18 《激进市场》（埃里克·波斯纳、格伦·韦尔）——如果所有权和选票都能实时竞拍，世界会怎样？

如果有一天，你家的房子随时都可能被别人买走，你的选票也要“花钱”买，雇主还得为你跳槽付“分手费”——别慌，这不是科幻小说，而是一本经济学巨著在认真告诉你：制度，不一定非得是今天这个样子。

《激进市场》就像一把制度手术刀，直接剖开现代资本主义制度的“结构性陈旧”，然后用惊人且严密的逻辑，提出一整套前所未见的修复方案。

它不是想破坏市场，而是要“重启”市场，用更激进但更公平的方式，重新分配权力、资源和机会。这是一本能让你的观念从“市场只是价格”转变为“市场是文明设计”的硬核之书。

◎ 哈伯格税：让所有权变得“流动”起来

我们习惯了“我买的东西归我”，但你有没有想过，一个人长期霸占资源却不真正使用，反而让整个社会都错失了机会？波斯纳和韦尔给这个问题提供了一个极具挑战性的答案——哈伯格税（Harberger Tax）。

这个机制听起来像科幻小说：你可以拥有任何资产，但必须同时公开标明你愿意以什么价格出售它，而且——无论是谁，只要愿意出这个价，就能立刻买走。你越爱惜，价格就会标得越高；但标得越高，就得缴更多税。于是你陷入了选择的两难。

这不仅打破了传统“静态拥有”的逻辑，更用一种近似“竞价流通”的方式，推动资源不断优化配置。

想象一下，如果豪宅、专利、稀有车牌等都用这个机制运作，还会有那么多人“炒作”它们吗？这不是剥夺财产权，而是让拥有者变得更有责任、让拥有过程更透明。经济学告诉我们，产权越清晰、流动越快，社会效率越高。

◎ 选票也能竞价？政治的“价格革命”

民主制度的基础，是“一人一票”，但现实中，这张票的影响力常常被稀释、被无视。两位作者大胆提出：如果选票也能参与“市场博弈”，是不是反而能让公民更重视它？

他们提出了“二次投票机制”：每个人的投票数可以由他们出资购买，而投一票的成本是“票数平方”，也就是说，想投两票要花4元、投三票要花9元……这就鼓励人们把票投给真正关心的议题，而不是“随便点一下”。

你可能觉得这像是在“买选票”？但其实，它比现行民主更真实——有些议题你极其关心，自然愿意多花力气参与；有些议题你觉得无所谓，干脆不投，这正是偏好的真实呈现。

而且，这种机制让少数派也有表达强烈意见的渠道，避免“多数暴政”。在经济学中，这种制度设计体现了“强偏好加权”的理性与公正，是政治领域的一场“价格革命”。

◎ 数据即劳动：让数字时代的价值回归劳动者

在数字经济的时代，大公司和普通人之间的权力天平也在失衡。看起来好像是“个人能力不足”，但实际上，很多不公来自制度：数据的价值被平台攫取，却很少被回馈给生产数据的人。

想一想，你每天在搜索引擎输入的问题、在社交媒体上的点赞、在电商平台的浏览记录……这些数据汇集起来，就是互联网企业最宝贵的资产。它们通过训练算法、定制广告、提高定价精准度，创造了巨额利润。但贡献这些数据的普通人，却几乎得不到任何回报。

波斯纳和韦尔提出的机制叫作“数据即劳动”。它并不是要打破市场，而是要重启市场逻辑：如果数据本身是一种“劳动产出”，那么平台就应该像对待工人一样，为使用你的数据支付报酬。

这意味着——未来你在上网冲浪、用社交媒体，甚至在智能设备上留痕时，不再是“免费用户”，而是数字经济的真正参与者。你提供的不只是流量，而是一种劳动价值。

这一机制的核心并不是惩罚企业，而是让它们为“数据劳动”承担应有的成本。你贡献的数据越多、越有价值，你获得的回报也就越高。这会倒逼企业更加透明，也鼓励用户更理性地管理自己的数字身份。

◎ 让移民制度像金融系统一样高效

移民问题是当今世界的敏感议题。有人担心它拖累财政、占用资源，有人呼吁自由流动与人道包容。而《激进市场》的回答很务实：把移民制度变成一个可计量、可融资的“经济项目”。

他们设计了“移民债券”制度：移民来一个国家，需要融资一定金额作为“未来贡献承诺”；投资者购买债券，承担风险，也分享未来收益；而移民则通过工作偿还本金与收益。

这让整个过程更透明、更理性——不是靠“情绪”决定谁能留下，而是看谁的潜力与经济回报更大。

你或许觉得这过于功利与冷酷，但反过来看：它让移民者不再依赖政府补贴，而是成为公共投资的一部分。经济学上，这种模式的本质是对“人力资本”进行证券化，是高风险—高收益模型的创新尝试。

◎ 所有权、投票、雇佣、移民等：为什么我们需要“制度设计师”？

说到底，这本书想说的不是“你该怎么做”，而是“我们能不能换一种规则来做事情”。

它试图告诉我们：很多经济难题，不是市场失灵，也不是政府不作为，而是制度本身就过时了。

产权制度太僵硬、投票制度太表面、雇佣制度太倾斜、移民制度太感性……我们需要的不是修修补补，而是激进重启。

而激进，并不意味着疯狂，而是逻辑驱动、机制清晰、博弈透明、责任明确的彻底改革。

这本书为未来制度构建者提供了样板——它不是完美方案，但它开启了一种“经济制度可以设计”的全新思维方式。

※ 小结：经济制度也可以“重新编程”

《激进市场》之所以令人震撼，不仅因为它讲了很多新鲜观点，更因为它背后是一种对“制度可塑性”的深信不疑。

市场不是天赋，它是设计的结果；社会不一定要被少数人主导，它可以被制度重新校准。

这本书也许不会立刻改变现实，但它能改变你看待现实的方式。你会开始思考：

- 为什么房子可以空置，但穷人却无家可归？
- 为什么选票都平等，但政策却越来越不公平？
- 为什么企业越来越大，但普通人的发展机会越来越少？

或许我们都需要像波斯纳和韦尔那样，从经济学家的视角出发，成为现实制度的“激进改造者”。

19 《好的经济学》（阿比吉特·班纳吉、埃斯特·迪弗洛）

——面对不平等、移民与全球焦虑，经济学能做什么？

有没有想过，一个小叮咛、一项政策，甚至一个经济模型，能在发展中国家的数百万家庭中点燃希望？也许在更大范围里，它还能推动全球性的制度变革。

《好的经济学》这本书，是诺贝尔奖得主班纳吉和迪弗洛在《贫穷的本质》之后的又一力作。他们不再聚焦“为什么贫穷”，而是切入更宏大但依旧贴地的挑战：不平等、移民与全球焦虑。

在这本书中，你将看到：

- 贫困与不平衡如何通过制度扭曲日常决策？
- 移民政策如何影响经济效益与社会稳定？
- 全球恐慌背后，是否存在科学的经济回应？

他们用随机对照试验，用真实案例，用严谨分析，给我们展示：经济学不是冷冰冰的数据，而是带着温度的解决方案。

◎ 面对不平等：从赚钱到公平参与机制

这里有一个简单问题：贫富差距越大，经济活力越弱吗？

研究表明，在不平等严重的社会中，底层群体因资源匮乏、缺乏信任机制，甚至丧失了基本的“决策宽度”。他们无法储蓄、无法承担子女教育支出、无法维护健康。这种行为，是贫困陷阱的一部分。

中产压力下的“降档教育贷款”

班纳吉团队曾发现，一条信贷放宽政策被设计成“中高端品牌”，却被低收入家庭利用。他们拿着贷款去买智能手机、车顶支架等，可用于“获取天气预报”“接送孩子上学”。

这些支出的逻辑是：未来不确定时，先争取控制权。他们改善生活品质的方式，也满足心理需求。这种行为在经济学上叫作“风险避免型消费”。

班纳吉指出：如果你追求公平，不仅要给人贷款，更要先理解他们为什么需要贷款，以及贷款后的使用与风险模式。

基于这一观点，他们倡议在补贴贷款项目时配套金融教育，并分阶段还款——只有在贷款真正用于投资（如教育、创业）时才能享受利率优惠。研究发现，这套机制显著提升了贷款的教育投入比例，减少了不必要消费的比例。

◎ 关于移民：限制之外还有“公平参与”

移民问题分裂了无数国家，移民群体被视为社会负担或潜在风险，但班纳吉和迪弗洛认为：实际问题不在于“移民是否进来”，而在于“怎么带来经济融合”。

反移民情绪与公共利益损失

他们比较了欧洲两个地区对接纳移民的策略：一个地区强制移民接受公共语言培训和职业培训；另一个地区政策较为宽松。结果发现：

- 强制融合地区的移民更快就业、更少依赖救济；
- 本地居民对他们的排斥情绪也会更快消退；
- 长期来看，该地区税收与GDP增长更快。

经济学解释是：有效的政策设计能将劳动力输入转化为增长的引擎。

另一个实验显示，让移民与当地居民共同参与社区项目（如城市美化、环保植树）比单纯补贴住房更能降低排斥感。因为“参与感”提升了“经济身份认同”。

◎ 全球焦虑：贸易、技术与恐慌之间的博弈

全球化时代，新技术更迭与贸易冲击让很多人陷入对未来的恐慌。简单地认为科技创造机会而不考虑受波及者，是带有偏见且脱离实际的经济解答。

班纳吉通过实验研究发现：当你感受到工作不稳定时，哪怕没有失业，也会提前增加储蓄、减少消费，甚至出现精神压力升级的情况。这种“对未来失衡的过度反应”对整个经济造成连锁影响。

再培训与消费心理反馈循环

在印度某政府机构的一项试点中，失业者可获得政府津贴和免费培训。他们在培训期和非过渡期的消费数据对比中发现：

- 担心失业的群体提前减少50%以上的消费；
- 培训授课后3个月，他们的消费水平回升；
- 地方经济恢复，消费频率也明显提高。

这说明，“对未来焦虑”本身就能制造事实上的经济衰退。因此政策设计不只要补贴，更要“消除焦虑感”。

◎ 政策应答：设计可行的微观经济学工具

在《好的经济学》一书中，班纳吉和迪弗洛带来一系列对策，既有经济学思考，也有现实操作路径：

- 教育债券项目：低收入家庭用于子女教育的贷款会获得政府担保；完成课程并就业后，政府补贴一部分贷款本金。
- 融合型移民基金：移民入籍初期，允许在公共服务方面使用更灵活的预算，用于语言教育、初创创业等；高度透明，避免被滥用。
- 就业保障“共享保险”：由企业、政府、劳工三方共同出资，当员工遭遇科技冲击或行业萎缩时，可获得短期补贴+培训支持。
- 就业稳定供应链：鼓励大企业建立“区域就业稳定基金”，为中小企

业员工提供一定再就业补贴，避免大公司“层层传导冲击”。

· 社区参与治理机制：通过地方性“社区大会”投票，由居民发起微小公共项目。如给公园种树、改善街道灯光、帮助老年人购物等，这些小行动能大幅提升社会认同感与心理安全感。

现实试点显示，这些机制均显现“经济+心理双重平衡”“自下而上的公众参与”的作用，会带来更持久的社会稳定和经济韧性。

※ 小结：好的经济学，是一场现实与数据的拥抱

《好的经济学》不是一本有宏大论证的理论集，而是一系列指向真实问题的“解决路径”。它用最真实的数据告诉我们——

· 不平等不是抽象命题，而是被政策激励系统带出了差距；

· 移民不是成本负担，而是制度设计的机会变量；

· 全球化恐惧不是情绪失控，而是经济政策欠缺对“未来信心”的调节。

班纳吉写道：一个经济学家最该做的事，不是预测世界，而是改善世界。

透过《好的经济学》，你会获得的不只是对经济模型的基本理解，而是一种把复杂问题拆成看得见的手柄的能力——当你能判断政策中的哪些“杠杆被忽略”，你就能成为“世界改良者”的候选人。

20《反常识经济学》（史蒂夫·兰兹伯格）——如何用最少公式，看懂最多现实世界？

如果你讨厌数学公式，但又想像经济学家一样思考世界，那么《反常识经济学》这本书就是为你准备的。

经济学的门外汉常觉得它遥不可及，好像要学很多数学公式、画图、分析模型才行。但《反常识经济学》的作者史蒂夫·兰兹伯格告诉我们：其实你只需要一颗好奇的脑袋和几个关键逻辑，就能看穿这个世界的底层运转机制。

这本书一出版，就因为其幽默、犀利又发人深省的语言风格而受到广泛欢迎。它不是一部晦涩难懂的教科书，而是一场用经济学透视生活常识的“脑洞之旅”，兰兹伯格用看似“反常识”的方式，把深奥的经济学变成了人人都能理解的思维工具。

◎ “懒人”的第一课：所有选择都有代价

兰兹伯格强调，经济学的第一课是：所有行为都有成本。而经济学家与众不同的地方，在于他们会关注“机会成本”而非“账面支出”。

比如有人送你一张“免费”的歌剧门票，表演时间正好是你准备参加一个朋友聚会的晚上。你没有花钱买票，当然很开心。但如果你选择去看歌剧，就无法出席聚会，也许还会错过认识潜在合作伙伴的机会。

从经济学角度看，这张票并不“免费”。它的代价是你失去了做别的事情的机会，而这就是“机会成本”。

兰兹伯格提醒我们：世界上没有真正免费的午餐。这句话并非玩笑，而是一种深刻的经济洞见。

◎ 为什么政策往往“好心办坏事”？

在书中，兰兹伯格用多个生动的案例提醒我们：很多看似善意的政策，其结果常常适得其反。

其中一个有趣的案例是这样：某市为了让穷人“也能打得起车”，决定把出租车价格压低。这个想法很好，但结果却是：

- 司机赚不到钱，退出行业；
- 剩下的司机服务态度变差、拒载现象严重；
- 市场上的出租车数量大大减少，乘客反而更难打到车。

这个现象背后其实是价格失真的问题。兰兹伯格指出：当价格不能真实反映市场供需时，就会造成资源配置失效。看似“为民造福”的措施，其实制造了更大的不平等。

◎ 环保行为背后的“绿色悖论”

环保主义者常常鼓励大家多回收、少开车、用环保袋。这听起来没错。但兰兹伯格却让我们重新思考：环保是否总有“净收益”？

他举了一个典型例子：塑料袋虽不可降解，但制造过程能耗极低；而环保布袋制造过程的能耗高，需要大量水和化学试剂。根据研究，一个布袋必须重复使用超过131次，才能弥补其制造过程造成的碳排放。

此外，过度回收低价值物品（如纸巾、餐巾纸等）在回收运输、处理过程中反而消耗更多能源。

兰兹伯格的观点不是反对环保，而是提醒我们：在政策或个人行为中，也要进行成本—收益分析，而不是一味追求“政治正确”。

◎ 经济学解读日常奇葩现象

《反常识经济学》里最迷人的部分，是它用常识之外的逻辑，解释生活中的“奇怪现象”。

比如一家超市鸡蛋标价特别便宜，这导致了顾客纷纷光顾，排长队却买不到。有些人认为这是“忽悠顾客”，但兰兹伯格指出，这其实是一种理性营销策略：

• 超市知道鸡蛋有“流量吸引力”；

• 即使鸡蛋亏本出售，也能带动其他商品的销量；

• 断货甚至是一种“稀缺信号”，让顾客觉得“这家超市的东西很划算”，下次还会来。

这背后的经济学原理是边际收益递减和信息信号效应。

另一个经典问题是：为什么电影院的爆米花贵得离谱？

答案很简单：影院用门票吸引顾客，而靠零食赚利润。因为你一旦进了影院，基本无法外出购买其他食物，影院就获得了“局部垄断地位”，可以收取“垄断溢价”。

◎ “两性关系与经济学”：最出圈的一章

如果说哪一部分最出人意料，那一定是《反常识经济学》里关于“两性关系”的分析。

兰兹伯格并没有回避这一敏感话题，反而用经济学家的眼光切入，提出了一个大胆的观点：两性关系同样构成一种“市场结构”，也受供需关系、激励机制和制度设计的影响。

比如：

女性经济独立程度提升，意味着她们在“伴侣市场”中拥有了更强的谈判权。过去，婚姻往往是女性经济安全的“避风港”；而现在，随着就业机会增加和收入提升，女性有了更多自主权，也更倾向于“择优”而非“将就”。

避孕技术的进步，尤其是口服避孕药和紧急避孕手段的普及，显著降低了性行为与生育之间的直接绑定关系。这不仅改变了两性关系的博弈结构，也冲击了传统家庭制度。

社交平台与交友App的兴起，极大降低了人际“匹配成本”。正如经济学中的“搜索模型”所揭示的，成本越低，交易频率越高。过去需要靠朋友介绍或邂逅相识的伴侣关系，如今可能在几分钟内通过滑动手机屏幕完成“初步匹配”。

兰兹伯格没有把这些现象道德化，而是用理性分析背后的制度逻辑。他指出：人类的情感与行为，并非完全自由，而是高度受到环境与激励的塑造。

换句话说，我们并不总是“自由恋爱”或“情投意合”，有时候我们是在被社会结构、技术演化和经济激励等“温柔地推着走”。

※ 小结：经济学不仅是学科，更是一种世界观

《反常识经济学》的最大魅力，在于它不把经济学当作高冷的象牙塔学问，而是当作一种看世界的方式。

它让你开始：

- 看到“免费”背后的真实代价；
- 理解“涨价”不一定是坏事；
- 意识到“善意”政策有时反而伤害穷人；
- 思考生活中看似荒诞的现象，实则遵循理性的逻辑。

正如兰兹伯格所说：世界是复杂的，但用经济学思维去看，你会发现它其实很诚实。

3

第三部分

宏观经济学：繁荣、危机与大趋势

——国家经济如何崛起、衰退、重启？

21 《国富论》（亚当·斯密）
——“看不见的手”如何塑造现代市场社会？

在我们打开这本厚重的经济学经典之前，先想象一个场景：你走进超市，买了一瓶水、两袋面包、一盒鸡蛋，结账时几乎不会多想价格为什么是这个数。可是，这个“数”的背后，其实隐藏着一个庞大的逻辑系统。谁来决定价格？资源如何流动？为什么某些国家越来越富，而另一些则停滞不前？

这些问题，亚当·斯密早在18世纪就已思考得无比深刻。他在1776年出版的《国富论》，是现代经济学的奠基之作，更是一部洞察国家与市场如何互动的伟大著作。

亚当·斯密的革命性贡献在于：他改变了人们看待“财富”的方式。他告诉我们，财富不是宫殿里金灿灿的珠宝，而是千千万万劳动者通过交换、合作、生产所创造的价值。他第一次把市场机制解释得清晰、深刻，并奠定了“市场经济”的基础逻辑。

◎ 分工的威力，从针厂到跨国企业

说到劳动分工，我们不妨从一个看似平凡的例子说起。

斯密在《国富论》开篇就描绘了一个针厂的故事：一根针的制造，其实包含十几个工序。若让一个人从头到尾独自完成，他一天也许只能做几根。但分工之后，每人只做一道工序，全厂日均产量立刻提升成百上千倍。

这个例子或许今天听来老套，但它的逻辑却塑造了现代工业社会。工厂流水线、专业团队，甚至我们今天的“跨国分工”，都源于这一思想：分工提高效率，效率带来财富。

◎ “看不见的手”：协调供需与资源流动的核心机制

理解了分工，接下来就是让整个系统运作起来的“魔法”：市场机制。

斯密提出了一个著名的概念——“看不见的手”。他说，每个人追求自身利益时，市场会像有只看不见的手一样，引导他们无意中为整体社会谋福利。换句话说，我们只想挣钱，却无意中推动了经济繁荣。

这一部分的思想精华在于：价格信号机制。当某种商品稀缺，价格上涨，商人蜂拥而至生产；当某种商品或服务过剩，价格下跌，资源会被重新分配。无需政府规划，整个经济体系自动调整，这简直是一场“无形的交响乐”。

◎ 国家干预和自由市场的边界在哪里?

当然，理想很美好，现实很复杂。斯密虽坚定地相信市场力量，但他并非自由放任主义者。他明智地指出，市场无法处理的事，政府必须介入。

他列出政府应承担的三项职能：

- 国防：保障社会免于外敌入侵；
- 司法：维护财产权、契约与秩序；
- 基础设施：建桥修路、开凿运河——这些项目成本高、回报周期长，私人投资难以承担。

这部分堪称“有限政府”的经典模板。时至今日，几乎所有国家的宏观经济政策仍在这个框架内运行：市场搞生产，政府搞基础——两者既分工，又相互补位。

◎ 对现代宏观经济学的启示

读完前面内容，你可能会问：“这么早的书，今天还有用吗？”答案是肯定的，而且非常重要。

斯密的理念延伸出了现代多个宏观经济学核心议题：

· 自由贸易：为什么不同国家应专注于各自最擅长的领域？比较优势理论脱胎于斯密的分工思想；

· 劳动力结构：为何“知识型分工”时代更需要教育与专业技能？

· 市场失灵与外部性：当市场无法正确反映污染、医疗等成本时，政府就该适度出手；

· 全球资源配置：跨国公司为何能迅速调动全球工厂资源？正因为他们依赖价格机制而非行政命令。

我们今天讨论“宏观调控”“自由市场”“供给侧结构性改革”……很多术语都能在《国富论》中找到思想源头。

◎ 批评与局限：当“看不见的手”遇见现实

当然，斯密的理论并非万能钥匙。它建立在两个前提上：

· 人是理性的；

· 信息是充分的。

而现实世界常常不是这样。人会恐慌、冲动、盲从；信息可能不透明、被垄断、被扭曲。这就会导致市场失灵，甚至形成经济危机。

比如2008年金融危机、互联网泡沫、医疗垄断、房价暴涨……这些现象如果单靠“看不见的手”，恐怕难以解决。这正是凯恩斯、席勒、斯蒂格利茨等后来宏观经济学大师不断扩展和修正《国富论》的地方。

◎ 为什么是“国富论”，而不是“个人致富指南”？

这一点，常被初读者忽略。《国富论》的英文原名是 *An Inquiry into the Nature and Causes of the Wealth of Nations*，直译就是《对国民财富性质与成因的探讨》。它的焦点，从一开始就不是“你如何变有钱”，而是“一个国家，如何变得繁荣”。

斯密关心的是系统性的增长。他观察到：一个国家的富强与否，不在于国王金库里有多少黄金，而在于普通人是否有工作、有食物、有改善生活的机会。他用“年均生产总值”（虽然当时还没有这个词）作为判断“国富”的标准，而不是国家的金银存量。这一思想，堪称GDP概念的前身。

斯密认为，市场的活力、分工的效率、交易的自由度，是一个国家走向繁荣的关键。他甚至预言，如果一个国家不重视民众的劳动与交换自由，只靠殖民掠夺、积聚财富，是注定走向衰败的。

从这个角度看，《国富论》不仅是一部经济学经典，还是一部关于国家制度设计的政治哲学著作。它鼓励“把权力让给市场”，鼓励政府“退一步”，放手经济运行，让民间智慧与企业家精神引导资源的流动。

※ 小结：用现代眼光，读懂“国富”的逻辑

《国富论》之所以伟大，不是因为它提供了所有问题的答案，而是因为它让我们开始提问：

- 为什么自由比计划更有效？
- 为什么分工是经济繁荣的起点？
- 为什么价格能成为经济决策的“指南针”？
- 为什么政府既不能缺位，也不能越权？

它是经济学的源头活水，也是我们理解世界运行规律的起点。

在接下来的章节，我们将继续追随经济思想的发展脚步——从“看不见的手”，走向“政府有形之手”的介入；从分工与理性，走向消费、危机、全球金融的震荡波。你会发现，每一本宏观经济书籍，都是对斯密思想的某种继承、修正或对抗。

这场思想旅行才刚刚开始。

22 《就业、利息和货币通论》(约翰·梅纳德·凯恩斯)
——面对危机，政府是否应该“逆风出手”？

在经济学史上，很少有一本书像凯恩斯的《就业、利息和货币通论》那样，在出版当下就掀起剧烈的思想风暴，彻底颠覆了一个时代对“市场万能”的信仰。

这不是一本容易读的书，但它带来的思维方式，今天依然深刻地影响着每一位政策制定者、经济学家，乃至我们每一个纳税人。

在这本书中，凯恩斯提出了一个在当时几乎是“异端”的观点：“市场不会自动恢复繁荣，有时候，政府必须挺身而出，逆风出手。”

这句话看上去也许平平无奇，但在1936年出版时，它几乎是对“古典经济学”的公开挑战。

◎ 经济危机的真相：市场自愈力，远没有想象中那么强

1929年，美国股市崩盘，全球陷入大萧条，失业率飙升、企业倒闭、银行挤兑成风。当时的主流经济学派（以亚当·斯密、李嘉图为代表的古典学派）普遍认为：市场总会自行恢复，供需会重新找到平衡。

他们的信条是：放任市场，少管为妙。

但凯恩斯看到的却是另一幅图景：人们失业，不是因为他们懒，而是因为没人雇他们。

这在当时是震耳欲聋的观点。他指出：经济危机不是因为资源短缺，而是因为“总需求不足”。换句话说，不是我们生产不出东西，而是没人敢

买——工人失业没收入，消费者不敢花钱，企业也就不敢投资，整个经济陷入“恶性循环”。

而市场，并不会自动把大家拉出来。

◎ 什么是“总需求”？凯恩斯告诉你为什么“花钱”这么重要

凯恩斯把一个国家的总需求拆分成四个部分：

消费（C）

投资（I）

政府支出（G）

净出口（NX）

在危机时期，消费下滑，企业投资冻结，出口疲软，唯一能站出来的，就是政府。

这时，政府就必须加大支出，用财政预算去填补需求的“黑洞”：修建道路、建造学校、扩大公共服务……这些投资不仅让工人有了工作、企业有了订单，更重要的是，重新唤起了“信心”。

于是，“政府刺激经济”成了凯恩斯主义的核心理念。简单地说就是：市场感冒，政府就是感冒药。

◎ 乘数效应：为什么一笔支出能带动整个经济？

凯恩斯的另一个伟大发现，是“乘数理论”。

什么是“乘数”？假设政府投资100万元建一条公路，请来建筑公司、采购水泥、雇佣工人——工人领了工资去消费、超市收入增加又进货、厂家扩大产能再雇人……这一连串“链式反应”，会让初始的100万元，变成总计几百万、上千万的经济活跃量。

这个效应就是“1元钱刺激，撬动N元增长”。

在凯恩斯看来，这不是魔法，而是心理与经济的共同结果——当人们感到“未来有希望”，他们才会恢复消费、投资、生产。

◎ 为什么利息不能解决问题?

古典经济学认为：失业是因为工资太高，只要工资下调、利率下调，企业自然会投资，劳动力自然会被重新吸纳。

但凯恩斯一针见血地指出：这一观点的前提是假设人们理性、市场有效，但现实不是这样。

在危机中，利率降得再低，企业也不想投资，因为没有人买；工人愿意降薪，但没人雇佣；银行降息，但老百姓不敢贷款。

这是著名的“流动性陷阱”：人们把钱藏起来，不敢消费、不敢投资，经济就像死水一潭。

所以，仅靠利率政策是远远不够的。怎么办呢?

凯恩斯说：如果私人部门都“躺平”了，只有政府站出来，才可能打破僵局。

◎ 凯恩斯主义如何拯救世界?

尽管凯恩斯的书在1936年才出版，但早在1933年，美国总统罗斯福就开始实践他的思想：修建高速公路、修水坝、设立公共就业项目……

比如1935年成立的工程进展署（WPA），以修建道路、桥梁、学校和医院等为主要内容，最高峰时为约800万人提供了就业机会，其中包括文学、戏剧、音乐、绘画等艺术工作者。

这一项目被称为“美国史上最大规模的公共就业计划”，不仅重建了国家基础设施，也留下了大量公共艺术遗产。

这就是“以工代赈”——政府自己变成雇主，让经济再次运转起来。

结果是什么？从1933年到1937年，美国经济快速复苏，失业率从25%下降到14%，整个国家从“信心崩溃”中爬了出来。

到了2008年金融危机期间，凯恩斯主义在全球再度复兴。当雷曼兄弟倒下、市场一片哀鸿时，美国、中国、日本、欧洲纷纷出台巨额刺激计划：

- 奥巴马政府通过了8000亿美元的经济刺激法案；
- 中国则推出“四万亿”投资；
- 各国央行更是大幅降息，实行“量化宽松”。

正如《经济学人》所说：当代最受欢迎的经济学家，不是诺奖得主，而是凯恩斯。

◎ 凯恩斯主义并非没有争议

当然，凯恩斯主义也并非毫无争议。它面临的批评主要有两点：

① 财政赤字，是否透支未来?

反对者认为，政府扩大支出等于借钱，这会造成国家债台高筑，未来要还的利息反而会拖累经济。

② 政府投资是否有效?

政府花钱是否能精准地带动增长？会不会浪费？是否会“挤出”私人投资？这一直是自由市场派对凯恩斯主义的质疑。

面对这些问题，凯恩斯也有他的回答：“我们终将死去。”但在那之前，不能让市场病入膏肓。

他的核心意思是：应对危机，先救人、再清账。等经济恢复后，再用“财政紧缩”收回政策。

凯恩斯还认为：一个国家是否繁荣，很多时候取决于人们是否“敢花钱”。

在他看来，政府不仅仅是“出资人”，更是“信心制造者”。当政府出面表态“我来承担风险”，民众才敢走出家门、企业才敢投资、市场才会活跃。

这也是凯恩斯主义最深层的思想——经济不是机器，而是人类心理的镜子。

※ 小结：凯恩斯留下的遗产

今天，很多国家的预算、货币政策、央行行为，都或多或少受到凯恩斯主义的影响：

- 经济衰退时，不再迷信“市场自我修复”；
- 政府敢于干预经济，以求“稳定就业”；
- 财政刺激和货币宽松已成为“抵抗危机”的常规武器；
- 信心与预期成为政策制定的重要参照。

《就业、利息和货币通论》不仅是一本经济学著作，更是一场思想革命——它让经济学真正“走进人间”，面对现实，解决问题。

斯密为我们描绘了自由市场的“春天”，而凯恩斯则为我们点燃了面对风雪时的“炉火”。

23 《银行的秘密》（默里·罗斯巴德）——银行如何凭空“创造”出金钱？

你可能以为，银行只是一个安全的储钱罐——把钱放进去，等着生利息。但罗斯巴德在《银行的秘密》中告诉我们一个令人瞠目结舌的事实：银行远不只是“存钱”的地方，它其实是一台制造金钱的机器。

当你把1000元存进银行，这笔钱并不会安安静静地躺在那里，而是立刻被银行“复活”——变成贷款、变成别人账户上的数字，甚至一轮一轮地复制出去。最终，原本的1000元，可能会被“放大”成几万元的流通货币。

你没看错，银行真的可以凭空“制造”金钱，而你就是这个系统中的一环。

◎ “部分准备金”制度的秘密

这场金融魔术的核心，是一个制度安排：部分准备金制度。

简单来说，银行并不需要把你存进来的每一元钱都保留着。法律允许它只留一小部分（比如10%）作为准备金，其余的部分可以贷出去。比如：

- 你存入1000元；
- 银行留100元作为准备金；
- 剩下的900元贷给A；
- A花出去，B收到后再存进银行；
- 银行再留90元准备金，又可以贷出810元……

如此反复，一笔钱能“生”出无数货币。这不是魔法，而是现实中每天都在发生的经济活动。

罗斯巴德毫不留情地指出，这不是银行在“创造价值”，而是在复制货币，是一种隐蔽而合法的“通胀机制”。

◎ 货币凭空而来，通胀如影随形

钱越多，价格越高——这是经济学最基本的规律。当银行通过信贷不断释放新的“货币单位”，市场上的货币供给就迅速膨胀，而商品并没有变多，于是物价上涨，钱变得“不值钱”了。

罗斯巴德一语中的：通货膨胀的真正来源，不是商家涨价，也不是消费者贪心，而是货币制造机制本身。

他举了20世纪几次通胀浪潮的例子：

- 20世纪20年代，美国银行扩张信贷，催生股市泡沫；
- 20世纪70年代，越战后美联储“滥印钞票”，导致严重通胀。

每一次“繁荣”背后，都是银行系统放水的结果；而每一次“衰退”，都是货币膨胀后的宿醉反应。

在罗斯巴德眼中，银行的秘密正是一场温水煮青蛙式的掠夺：当通胀悄悄吃掉你钱包里的购买力时，你甚至来不及愤怒。

◎ 从银行自由放贷，到央行撑腰

但商业银行并不是孤立存在的“货币车间”。罗斯巴德进一步揭示：它们背后，有一只看得见的手——中央银行。

在现代货币体系中，央行不仅控制利率、调节信贷，还扮演着“最后贷款人”的角色——一旦银行出事，央行会“兜底”。

这让银行有恃无恐，反正撑不住时有人来救。这种机制刺激银行不断冒险放贷，把风险留给整个社会。罗斯巴德犀利地指出，现代银行就像赌场里的玩家，他们玩得越大，输光时国家就会替他们买单。

他将这种模式称为“制度化的道德风险”。

◎ 制度的反思：我们需要什么样的银行？

面对这一切，罗斯巴德并没有停留在批判的层面上。他提出了一套彻底的改革蓝图：

- 取消中央银行：让市场自然决定货币利率与数量；
- 实行100%准备金制度：银行不能凭空放贷，只能贷出真实存款；
- 恢复金本位：让货币回归有形资产支持，避免“印钞成瘾”。

这些建议听起来很激进，甚至有些乌托邦色彩。但罗斯巴德的出发点是对金融正义与货币诚实的执念：当金钱可以被任意制造时，所有经济努力都会失去根基。

他的愿景是一个更透明、更稳定、更负责任的金融体系，一个让普通人不再为银行家的错误买单的社会。

◎ 现实回应：真能做到吗？

罗斯巴德的观点自然引发了巨大争议。批评者指出：

- 如果实行全额准备金制度，银行无法提供贷款，经济会陷入流动性紧缩状态；
- 没有央行，金融危机时将缺乏应对手段；
- 金本位会让政府的货币政策失去灵活性，难以刺激经济。

支持者则反驳：这些担忧都是从“维持泡沫”角度出发的，而罗斯巴德关心的是制度的道德基础。

事实上，今天的许多新金融探索，如区块链货币、去中心化金融、透明资产担保机制，正试图回归罗斯巴德的理想：货币不能只是依赖信任，而要有基础、有限度、能追踪。

他的思想，也在2008年金融危机后，成为自由意志主义者和金融改革派的重要武器。

※ 小结：真正的自由，从看懂金钱开始

《银行的秘密》不是一本教你炒股的书，而是一本教你看透系统的书。

它告诉我们：

- 银行不是“中介”，而是“制造者”；
- 钱不是“固定的单位”，而是“流动的信任”；
- 通胀不是“自然的物价上升”，而是“人为的货币膨胀”；
- 制度设计，决定了你是财富的掌控者，还是牺牲者。

也许你仍会问：“这些机制和我有什么关系？”

罗斯巴德会说：你每一次贷款、每一次刷卡消费、每一次抵押房产，其实都在与这套看不见的货币机制打交道。你以为的“钱”，其实是银行生成的数据；你依赖的“财富”，其实是一场利率、抵押和货币扩张之间的游戏。

而理解这场游戏，正是我们从“金融小白”走向“经济明白人”的第一步。

24 《休克主义》（娜奥米·克莱因）——灾难背后，是谁借机推进“改革”？

在经济学的世界里，有一种改革不需要辩论、不需要共识，甚至不需要你同意，它悄然发生，就像一道闪电，在你惊魂未定时已彻底改变你所熟悉的生活。这就是娜奥米·克莱因在《休克主义》中揭露的真相：灾难，是某些经济力量的“黄金窗口期”。

这本书不是一本常规意义上的宏观经济学教材，它更像一部“全球版的经济侦探小说”，从南美洲到中东，从东欧到亚洲，克莱因逐个揭开“自由市场改革”的面具，指出在每一次社会剧变的背后，都潜藏着一双冷静而果决的“经济推手”。

这些推手来自哪里？为何他们偏爱“灾难中的国家”？又是如何将一场危机变成彻底改变社会结构的“机会”？这就是《休克主义》要回答的问题。

◎ 危急时刻，最容易推进“不可想象的政策”

书名“休克主义”，指的是美国经济学家米尔顿·弗里德曼及其门下的“芝加哥学派”的思想。他们的核心信条是：市场万能，政府无能。要想激发经济活力，必须拆除所有障碍，包括国有企业、补贴、价格控制、关税和劳工保护。

但问题在于，这些改革在稳定时期极难推进。普通人不会轻易放弃医疗保障、工会权利等等。

所以怎么办？等一场冲击。

克莱因指出，芝加哥学派的“战略模式”是：当社会遭遇重大冲击——

政变、战争、金融崩溃、自然灾害时，民众心神恍惚，政府权力集中，这时最适合推行彻底的自由市场改革。

这也就是“灾难资本主义”的核心逻辑：用震惊压倒民意，用改革解决混乱。

◎ 智利1973：改革的“开山之作”

1973年，智利民选总统阿连德被军人政变推翻，皮诺切特上台。接着发生的，并不是简单的军事统治，而是全球第一次“芝加哥学派式改革试验”。

在美国中央情报局和芝加哥学派经济顾问的协助下，智利迅速推进了一系列政策：

- 公共企业私有化；
- 补贴取消，物价全面放开；
- 打压劳工组织，工会解散；
- 外资自由流动，金融市场开放。

表面上看，这是“经济自由化”；但在克莱因看来，这其实是一场“经济清洗”。因为大量民众的生活保障瞬间崩塌，失业率暴涨、通货膨胀、贫富差距急剧拉大。

而当反对声势抬头，皮诺切特政府便用强权镇压，制造“恐惧真空”，让市场逻辑可以不受质疑地运行。

这场改革的成功（对精英阶层而言）让芝加哥学派信心大增，也让“冲击式改革”成为此后几十年全球经济政策的隐性剧本。

◎ 灾后新秩序：斯里兰卡与卡特里娜飓风的教训

你以为灾难时最重要的是“重建家园”？克莱因告诉你：不，是“重建市场秩序”。

她以2004年斯里兰卡海啸为例。当海啸摧毁了沿海渔村后，国际援助机构和政府迅速划定“禁建区”，不许渔民返回。而这些海岸线很快被开发商占据，建起五星级酒店、度假村——“为旅游业注入新活力”。

同样的情节发生在2005年美国新奥尔良卡特里娜飓风之后。原本属于黑人社区的公立学校和住房被摧毁，政府援助并未用来恢复旧系统，而是推动：

- 公立教育私有化；
- 大量建设特许学校（Charter Schools）；
- 原住民社区被边缘化，土地被重新规划。

克莱因称其为“借天灾搞人祸”：本应是全民参与的灾后恢复重建，被一小部分资本力量接管，用“改革”之名，行“洗牌”之实。

◎ 伊拉克战争：新自由主义的极限试验场

《休克主义》最具冲击力的一章，是对2003年伊拉克战争后经济政策的揭示。

战争推翻萨达姆政权后，美国并没有帮助伊拉克恢复基础设施、民主建设，而是迅速任命由保罗·布雷默领导的“临时权力机构”，直接推动以下措施：

- 几乎将所有国有企业私有化；
- 外资可100%拥有伊拉克公司；
- 营利企业接管电力、医疗、教育等公共服务；
- 税收大幅削减，进出口自由化。

布雷默任期短短一年，却签署了100多项经济法令，彻底重构了伊拉克的经济制度。

克莱因讽刺道：“战争的胜利者，并不只是军队，更是德勤、霍尼韦尔、贝克特尔这些拿下政府合同的公司。”

在她笔下，战争不再是“政治的延续”，而是市场扩张的新手段。

◎ 冲击之后，谁真正得利？

读到这里，你可能会问：如果“自由市场改革”带来如此多的阵痛与不公，为什么还会被反复推行？

克莱因冷静地指出：它确实创造了赢家。

- 跨国公司能以低价拿下矿产、土地、企业控制权；
- 顾问公司、管理公司承包“改革设计”，获利丰厚；
- 国内既得利益者利用改革“窗口”获取垄断地位；
- 金融资本在制度真空中开展套利与掠夺。

而代价，则由普通百姓、工人阶层、中小企业主等承担。他们失去了安全感、权利保障与议价空间。

※ 小结：灾难背后，有人悄悄赢了整场游戏

《休克主义》的震撼不在于它揭露了多少“黑幕”，而在于它让我们意识到——危机并不总是意外，有时它是推动剧烈改革的“最佳时机”。

这本书让你开始：

- 看清“改革”不总是为民众着想，有时只是为了财团更方便地获利；
- 理解“休克疗法”为什么常常带来社会撕裂，而不是复苏；
- 意识到媒体所讲的“重建”，可能意味着普通人权益的被剥夺；
- 反思每一次灾难发生时，我们是否已经被引导着做出了默认的“服从”。

正如克莱因一再提醒的那样：“当人们还在痛苦中喘息，权力的机器就已经启动。”理解“灾难资本主义”，不是为了悲观，而是为了保持警醒。

如果说传统经济学关注的是“市场失灵”和“政府调控”，那《休克主义》则让我们看见了另一个更隐蔽、更真实的维度：谁在定义灾难？谁

在利用混乱？谁从“改革”中攫取了最大红利？

它让我们不再把经济学仅仅看作一堆图表和理论，而是直面现实博弈，学会冷静观察。面对未来的危机，或许最该问的不是“发生了什么”，而是“谁会因此获利”。

25 《大空头》（迈克尔·刘易斯）——一群逆行者如何洞穿次贷危机的假面？

2008年，一场突如其来的金融海啸席卷全球，房价暴跌、银行倒闭、华尔街人人自危。这场危机被称为“二战以来最严重的经济灾难”。但在灾难爆发前的几年，有一群看似“古怪”，甚至被当成“疯子”的人，却早早嗅到了风暴的气息。他们不仅看穿了美国楼市泡沫的谎言，还通过做空房地产市场大赚了一笔。

这就是《大空头》的主角们。

迈克尔·刘易斯用他一贯犀利又幽默的笔触，将这些“金融边缘人”推向了聚光灯，也揭开了一个残酷真相：金融活动并不是一个理性的游戏，而更像是一场赌博，只不过赌桌太华丽，赌客太自信，没人愿意承认真相。

而这本书，不只是讲几个“精英逆行者”的传奇，更是在告诉我们：宏观经济的“危机”，往往不是悄悄逼近，而是热闹喧嚣地爆发。

◎ 看似坚不可摧的房市泡泡

要理解《大空头》，我们先得明白“次贷危机”是怎么来的。

21世纪头几年，美国的房地产市场经历了爆炸式的上涨。人们坚信房价只会涨不会跌，银行纷纷发放房贷，哪怕借款人根本没有还款能力。这种“宽松放贷”被称为“次级贷款”。

为了转嫁风险，银行把这些贷款打包成所谓的“抵押债权支持证券”（Mortgage-Backed Securities，简称MBS），再分成不同风险等级，出售给全球投资者。评级机构给这些证券贴上“A+”甚至“AAA”的标签，仿佛它们和美国国债一样安全。

实际上，这是一场精心包装的“庞氏骗局”[1]。

- 借款人：没有收入也能贷款买房；
- 银行：赚取手续费，把风险转嫁给别人；
- 投资者：被“高收益+高评级”所吸引，盲目买入；
- 评级机构：收钱给评级，睁一只眼闭一只眼。

所有人都在这场盛宴中狂欢，没人愿意停下来思考：这泡泡，会不会炸？

◎ “疯子”们的出现：谁在下注危机？

就在整个市场如日中天时，一些极为敏锐、偏执甚至有些“怪异”的投资者开始逆向思考。他们怀疑这场热潮背后一定藏着危机。

迈克尔·巴里（Michael Burry）是其中的代表人物。他是医生出身、患有阿斯伯格综合征的基金经理。他不像普通投资人那样靠“直觉”，而是埋头分析成千上万个房贷合同。他发现一个惊人事实：

很多借款人压根没有收入，贷款是“零首付+两年后暴涨的利率”，几乎注定会违约！于是他向华尔街大银行提出一个“荒唐”的请求——我要“做空”房地产市场。

什么是做空？就是赌这个市场会崩盘。

他要求银行为他量身打造“信用违约掉期”（CDS），一种类似房贷保险的金融工具：一旦房贷违约，他就能获得高额赔付。

起初，银行还嘲笑他：“你疯了吗？房市怎么可能跌？”

但他们又贪图保险费用，居然真帮他做了这笔生意。

其他像史蒂夫·艾斯曼（Steve Eisman）、格雷格·李普曼（Greg Lippmann）等人也陆续发现问题，并加入了做空的行列。他们像一群孤独的

---

[1] 庞氏骗局是一种用新投资者的钱支付旧投资者回报的金融诈骗模式，本质是“拆东墙补西墙”的资金游戏，最终必然因资金不足而崩盘。

逆行者，在笑声与嘲讽中，等待着危机降临。

◎ 泡沫破灭：疯狂的游戏终结时

2007年开始，美国房市逐渐降温，违约率飙升。MBS中的底层资产开始频频“爆雷”。但华尔街仍在自欺欺人。

因为一旦承认这些债务不值钱，就意味着整个金融系统将崩溃。

这就是《大空头》中最令人震惊的部分：金融机构明知房贷是“烂账”，却不断掩盖，靠再包装、再评级、再出售来维持泡沫。

直到雷曼兄弟倒下，信用市场冻结，美国政府不得不出台7000亿美元的紧急救助计划。

这场危机让无数家庭失去房子，数百万人失业，但那群“做空者”却赚得盆满钵满。

迈克尔·巴里一战成名，他的基金收益超过400%。而那些最初嘲笑他的人，却成了“灾难制造者”。

◎ 危机教会了我们什么？

《大空头》不是一本“赚钱秘籍”，而是对现代金融系统的一次严肃反思。

这本书至少给我们带来三个重要启示。

① 理性市场是假象，人性贪婪才是真实驱动

经典经济学假设人是“理性人”，市场是“有效的”。但现实中，金融市场往往被贪婪、恐惧、从众、傲慢等情绪所主导。

所有人都知道房价不可能永远上涨，但没有人愿意做“第一个喊停的人”。

② 复杂的金融产品，往往是掩盖风险的工具

MBS、CDO（债务抵押债券）、CDS这些术语虽听起来“高端”，但它们的本质是将不良贷款层层包装后“漂白”，再卖给毫无判断力的投资者。

正如书中所说："这些产品的复杂性，不是为了效率，而是为了让你看不懂。"

③ 评级机构和监管体系的失败，是危机的帮凶

危机不是"自然发生"的，而是制度性的"共谋"。当评级机构以赚钱为目标、政府放任不管、金融巨头没有后果可担时，一场灾难就已经注定。

※ 小结：看懂"疯狂"背后的系统逻辑

《大空头》真正厉害的地方，在于它用鲜活的人物和跌宕的故事，把一次金融灾难的结构性根源揭示得淋漓尽致。

它让你明白：

- 金融危机不是意外，而是被纵容的必然；
- "做空"不是阴谋，而可能是最清醒的判断；
- 那些看起来"离经叛道"的人，才是真正洞察经济本质的观察者。

正如迈克尔·刘易斯在书中所写的：在所有人都疯狂的时候，坚持理性是一种英雄主义。

这不仅是一个金融故事，也是一堂洞察系统风险的宏观经济学课。如果你想真正看懂市场、看透泡沫、识别风险，那么《大空头》是一部不容错过的现代经典。

26 《非理性繁荣》（罗伯特·希勒）
——泡沫从哪里来，又如何悄然爆炸？

你有没有想过，为什么股市明明已经“高得离谱”，大家还是蜂拥而上？为什么楼市动不动就“看涨”，还有人连夜排队抢房？为什么在比特币暴涨的时候，连出租车司机都在聊币圈行情？

这不是个别人“头脑发热”，这是一次又一次“非理性繁荣”的集体上头。

而在罗伯特·希勒这本划时代的作品《非理性繁荣》中，他用心理学、历史学和经济学的交叉视角，揭示了“泡沫经济”背后复杂而又精准的心理机制。

这本书出版于2000年互联网泡沫的顶峰，当时正值“纳斯达克指数狂飙、投资者疯狂涌入科技股”的高光时刻。几乎所有人都在唱多，唯独希勒在警告：“这是一场即将爆裂的盛宴。”

而事实也证明，他是对的。

他预测了2000年互联网泡沫、2008年次贷危机，并在多年后仍持续警示市场的“情绪过热”。《非理性繁荣》不是一本居高临下的冷冰冰的经济学著作，而是一面揭示人性、警醒投资的明镜。

◎ 泡沫为何总是悄然膨胀？

什么是“泡沫”？简单说，就是资产价格远远脱离了其内在价值，只靠人们的信念和投机心理在“虚高”。

希勒认为：泡沫的形成，核心是“集体非理性”——它不需要每个人都疯狂，只需要足够多的人相信价格“还会涨”，就足以点燃市场。

比如美国20世纪90年代末的互联网热潮。无数科技公司涌现，哪怕没有清晰的盈利模式，也能轻松上市。投资人看到“别人赚钱”，纷纷跟风，不断抬高估值。这种“他买我也买”的羊群效应，便是泡沫的温床。

希勒在书中强调，泡沫不是突然出现的，而是渐进形成的。他列举了几个关键因素：

• 媒体效应：每天电视、报纸、网站都在报道“谁谁谁又暴富”，仿佛不买就错过了一个时代；

• 放松监管：宽松的信贷政策、鼓励投资的政策，让资金更容易流向投机领域；

• 新技术叙事：“改变世界”的故事最容易催眠人心，比如20世纪初的铁路公司、20世纪90年代的互联网、最近十年的区块链与AI；

• 投资模仿行为：你本来并不想买股票，但邻居赚了一倍，你忍不住动心了。

泡沫的可怕之处，在于它“看上去很合理”。每个人都觉得“这是时代的机会”“这次不一样”。但希勒提醒我们：任何脱离基本面的价格上涨，都是危险的。

◎ “非理性”是怎么蔓延的?

很多人会问：投资者不是都在追求理性分析吗？泡沫的形成为何还会一再重演？

希勒的回答是：我们不是没有理性，而是“群体情绪”远比理性更有穿透力。

书中，他提出了几种心理学机制来解释这个现象：

① 确认偏误

人们更愿意相信与自己观点一致的信息，忽视与之矛盾的证据。如果你想相信某只股票的价格会实现翻倍，那你就只会去读那些支持你的文章。

② 叙事经济学

希勒强调“讲故事”的力量。他认为，真正驱动市场的，不是数据，而是“故事”，比如“互联网改变一切”“房地产永远上涨”“元宇宙就是未来”。故事比逻辑更能打动人心。

③ 启发式思维

在复杂的市场信息中，人们容易依赖简单的“捷径”来判断，比如“过去三年涨了，就是好东西”“身边人都在买，不会错”。

④ 社会模仿

情绪就像传染病。希勒引用群体行为学的研究指出，看到朋友赚了钱、同事在炒股、社交平台满是炫富帖，这种“FOMO”（Fear of Missing Out，错失恐惧）会让你自动跟上。

一句话：泡沫的另一面，是人心的合谋。

◎ 泡沫崩溃前的“预警信号”

那么，泡沫是不是毫无征兆？希勒认为：不是。

他在书中总结了几个可以帮助我们“早于市场冷静下来”的线索：

市盈率（价格收益比，PE）异常高企：当股票市盈率远高于历史平均值，往往意味着泡沫临近。例如2000年的互联网股市，PE高得离谱；

房价与租金比严重背离：2008年金融危机前，美国很多城市的房价远高于租金所能支持的水平；

借贷激增：当越来越多的人靠贷款炒房、炒股、炒币，就是危险信号；

全民参与：泡沫的标志之一是——“不炒不安心”“不买不安心”，理发师都在聊投资时，你要开始警惕了；

过度媒体报道：当媒体热情“过头”，几乎每天都是某资产的涨幅新闻，也许就是它见顶的时候。

这些都是“非理性繁荣”的倒影。

◎ 股市、房市、币圈：泡沫的三部曲

《非理性繁荣》并不止步于理论。希勒还以美国为例，详细分析了三个典型资产市场的泡沫运行逻辑。

股票泡沫（2000年纳斯达克）

他指出，很多科技公司根本没盈利，但股价翻了几倍；分析师用“未来想象空间”来包装公司，实际上是“空中楼阁”。

房地产泡沫（2007年前美国房地产市场）

购房者拿着零首付、无收入证明的贷款“抢房”，银行则将其打包成证券卖给投资者，一环扣一环，最终导致国际金融危机。

比特币泡沫

虽然在书初次出版时加密货币尚未出现，但希勒在后续修订版中表达了对比特币类似“狂热”的警告。他指出，比特币具有强烈的“叙事特征”，且价格脱离实际使用价值，极易形成投机泡沫。

这些泡沫背后，有一个共同的逻辑：价格上涨→更多人加入→价格继续上涨→舆论狂热→信贷推波助澜→最后无力承接→崩盘。

泡沫，是一场美丽的幻觉，最危险之处在于它让所有人都沉醉。

※ 小结：理性不是市场的常态，而是奢侈品

《非理性繁荣》不是一本投资指南，而是一封“写给人类集体心理的经济情书”。

它告诉我们：市场从来不完全理性，它受制于人心、舆论、制度、技术叙事，而这些往往更像一场狂欢中的催眠术。

我们不能永远预测泡沫何时来临，但我们可以训练自己去识别那些

"非理性"的信号：

- 对疯狂上涨保持怀疑；
- 对"稳赚不赔"的说法保持清醒；
- 对"人人都在买"的情绪保持警觉。

真正的经济学素养，或许不是预测涨跌的本事，而是识别泡沫、警惕人性、守住自己的边界。

27 《债务危机》（瑞·达利欧）
——如何正确理解债务周期？

如果你现在去问一个刚刚步入社会的年轻人："你怕不怕欠债？"

他很可能说："当然怕啊，负债就意味着压力！"

但如果你去问一位企业老板、银行家或财政部部长，他可能会说："适度举债，是经济增长的助力。"

那么，债务到底是洪水猛兽，还是经济发动机？这是瑞·达利欧在《债务危机》这本书中试图解答的核心问题。

瑞·达利欧是谁？他是桥水基金创始人，被誉为"对冲基金之王""全球最具影响力的投资人之一"。而这本《债务危机》，堪称他投资生涯40年的知识结晶。它不是一本纯粹的理论书，更像一本"经济危机使用手册"，每一章都写得像剧本：先埋雷、后引爆、再分析崩盘轨迹，读起来像是经济学版的"《切尔诺贝利》"。

那么，我们就跟随达利欧的思路，一步步看清这个经济世界里"最危险也最普遍的变量"——债务。

◎ 经济增长的"毒药"与"蜜糖"

达利欧开宗明义：债务，本身不是坏事。

债务是一种"时间的交换"。

你今天没有钱，但未来能赚钱，于是你现在借钱消费或投资；这笔钱推动了经济增长，同时你未来要偿还这笔债务，连本带利。

如果一切都按剧本走：债务增加→经济增长→收入增长→还清债务→健

康循环，那么世界一片祥和。

但现实往往不是这样。

达利欧指出，问题出在“债务增长速度超过收入增长速度”的时候。

一旦债务积累得太快、太高，短期看似经济欣欣向荣，但长期就是积蓄的“定时炸弹”。

举个通俗的例子：一个年轻人年薪10万元，却刷信用卡花了20万元，还买了个分期的iPhone、办了5个花呗账单。他的生活看似光鲜，实则是“用明天的钱买今天的快乐”。如果薪资停滞、收入不及预期，他就陷入无力偿债的泥潭。

这正是国家、企业、个人在债务游戏中常犯的“原罪”。

◎ 理解债务危机：三阶段的“剧情片”

达利欧在书中提出一个精妙的模型：债务周期 = 借入期 → 顶峰期 → 去杠杆期。

这个周期在他看来，就像经济的一次“呼吸”：先吸气（扩张），然后屏气（失衡），最后吐气（调整），再重复。

① 借入期：一切都很美

这时经济向好，信心爆棚，借钱容易（低利率、银行愿意放贷）。

个人贷款买房、企业贷款扩张、政府发债搞基建，大家都在用“杠杆”加速。

比如在2002年～2006年，美国房市大热，连没有工作收入证明的人都能贷款买房，掀起一波“全民炒房”。当时的关键词是“这次不一样”。

② 顶峰期：虚火上升

资产价格开始脱离基本面，但大多数人还沉浸在“牛市神话”中。

信用泡沫、过度投资、资源错配等问题频繁发生。这是危机的“潜伏期”。

2007年，美国家庭平均负债比率创历史新高。银行继续发放“次级贷款”，风险被打包卖出，全球金融系统看似强大，实则千疮百孔。

③ 去杠杆期：泡沫破裂

随着还不起债的人越来越多，资产价格暴跌，信贷冻结，失业率上升，结果就是危机爆发。

这时有两种“去杠杆”的方式：

紧缩式去杠杆：砍预算、裁员、提高利率（如20世纪30年代）→痛苦但快速；

宽松式去杠杆：量化宽松、降息、财政刺激（如2008年后）→温和但拖长。

达利欧强调，理想的做法是“美丽地”去杠杆——财政刺激 + 货币宽松 + 债务重组 + 改善信心，四管齐下。

◎ 历史的镜像：三场危机的全景复盘

为了让读者更清晰地理解债务危机是怎么一步步演化的，达利欧选择了三场重大经济危机进行深度分析。

① 1929年：美国大萧条

背景：美股长期上涨，民众热衷杠杆投资。

爆发点：银行挤兑，信用冻结。

应对失败：当局采取“紧缩政策”（削减开支、提高利率），结果加剧萧条。

结局：失业率超25%，股市跌幅达90%，直到罗斯福新政后才逐步恢复。

教训：错误的政策，能让危机变成灾难。

② 2008年：国际金融危机

背景：房地产泡沫+金融衍生品+评级失灵。

爆发点：雷曼兄弟倒闭，金融系统信任崩溃。

成功应对：美联储迅速推出QE（量化宽松），政府大规模救市。

结局：结果虽然痛苦，但比1929年“软着陆”得多。

教训：果断的财政+货币配合，能降低危机伤害。

③ 2010年～2018年：欧洲债务危机

背景：欧元区国家债务失控，特别是希腊、西班牙。

挑战：欧元区缺乏财政统一，德国不愿买单。

结局：一波波债务重组、紧缩政策、社会抗议，危机拖延多年。

教训：一体化制度下，如果缺乏协调机制，债务危机更难管理。

◎ 我们能为下一场危机做什么？

达利欧并不只是讲故事，他给出了几条极具价值的“预警与应对指南”：

· 看债务水平，而非GDP增速：一个国家看起来“增长很好”，但如果债务比例异常高，要保持警惕；

· 分清好债与坏债：用于生产性投资的债是好债，用于消费的债，风险更高；

· 不迷信低利率：利率长期为零，反而让人疯狂借债，累积风险；

· 不要忽视私人债务：政府债务被关注更多，但企业和家庭的高杠杆，更易成为导火索；

· 理解政策滞后性：当危机爆发时，再应对往往为时已晚，必须提前布局。

他还提醒投资者和普通人：危机不可预测，但可以理解；风险不可避免，但可以管理。

※ 小结：债务是一面镜子，映照制度、信心与人性

《债务危机》这本书最大的价值，不在于它“预测”了什么，而在于它帮我们“读懂”了什么。

它让你明白债务不仅是账本上的数字，更是经济体的“能量流动”；它让你看清一场危机的演化轨迹，从“温水煮青蛙”到“崩盘一刻”；它让你意识到债务周期不是“偶然事件”，而是资本主义系统内在的一种“脉搏”；它既让你理解政策制定者的两难选择，也让你理解普通人在债务中的脆弱地位。

正如达利欧所说：如果你不了解债务周期，那就如同在迷雾中驾驶。

这本书，就是给每一个经济参与者（从投资者到政策制定者）的“导航仪”。

28 《金融炼金术的终结》(默文·金)
——在量化宽松之后，货币政策还能走多远?

如果说2008年的金融危机是一场突如其来的海啸，那么此后的全球经济治理，就是一场长期的“高空走钢丝”。各国央行争相上演“超级宽松”，印钞、降息、QE（量化宽松）轮番上阵，但十多年过去了，我们真的从危机中彻底复苏了吗?

在这本《金融炼金术的终结》中，英格兰银行前行长默文·金用一种不动声色的冷峻语言，解剖了当前全球金融体系的深层病灶。他指出：“我们并没有走出危机，而是被困在了危机的回声中。”

这不是一本教你炒股的书，也不是一本理论堆砌的央行回忆录，而是一位金融“掌舵者”对整个货币体制发出的警告：现代金融系统像炼金术一样，看似可以凭空制造繁荣，实则结构脆弱，稍有失控，就可能酿成灾难。

◎ 从“炼金术”的幻觉开始

为什么叫“金融炼金术”？金在书中开门见山地指出，现代银行体系的最大特征就是它制造了一个“信用幻觉”。

回想炼金术士的梦想——将普通金属变成黄金。今天的金融系统干的事情其实差不多：商业银行通过“部分准备金制度”放大存款，央行通过购买资产注入流动性，看上去像是凭空“造出”了金钱。

举个例子：

- 一家银行只需保留10%的准备金；
- 如果你存入1000元，它就能贷出900元；

• 那900元又会被存入另一家银行，再贷出810元。

如此反复……

最后市场中多出了一大笔“信用货币”，但最初的存款却没变。这就是金所说的“幻觉繁荣”——表面财富激增，实则风险被层层叠加、掩盖。

在危机来临前，所有人都沉醉在“杠杆带来繁荣”的神话中，没人愿意看到真相。就像金自己在担任英格兰银行行长时也承认：我们在不知不觉中，走进了一座炼金术的实验室。

◎ QE：救命药还是慢性毒？

《金融炼金术的终结》对QE（量化宽松）进行了深度剖析。

这项政策本质上是央行购买政府债券、企业债券甚至股票，用来压低利率、刺激投资和消费。在2008年之后，美联储、欧洲央行、英格兰银行纷纷上马，市场信心一度回升，股市飙涨，楼市复苏。

但金提出了一个核心质疑：QE真的是一剂灵丹妙药吗？

他指出三大隐忧：

① QE没有传导到实体经济

虽然资产价格上升，但大多数人并没有因此变得更富有。工薪阶层收入停滞，消费欲望并未提升。钱进了金融市场，却没有进车间、工厂和创业公司。

② QE扩大了贫富差距

谁拥有最多的资产？富人。于是他们的房产和股票增值了，而穷人却只感受到通胀压力。这让社会变得更加撕裂，产生了对精英的愤怒。

③ QE“喂大”了风险偏好

低利率让投资者疯狂追求高回报，金融市场变得像赌场一样充满泡沫。一旦市场预期改变（比如利率上升），资金就可能集体逃离，触发新一轮金融动荡。

金写道：如果QE是靠印钱带来繁荣，那它与伪造货币的区别在哪里？

◎ 失灵的货币政策，拧不动的经济引擎

默文·金并不是QE的“死对头”，他理解在危机紧急阶段需要非常手段。但他强调：问题不在于有没有救，而在于救完之后，为什么没有根治病灶？他列举了过去几十年全球经济体结构的几种“大病”：

· 全球失衡持续存在：一些国家经常账户赤字，而另一些国家则保持顺差。资金在全球范围内大量流动，但消费与生产、储蓄与投资之间存在严重错配。

· 储蓄过剩，投资不足：亚洲国家和新兴市场积累了大量外汇储备，却找不到足够有吸引力的投资项目。

· 劳动力市场僵化：发达国家制造业衰退，服务业难以吸纳大量就业人口，就业质量不断下降。

在这种结构性问题面前，单靠货币政策早已“弹尽粮绝”。金反复强调：“货币政策不能代替结构改革。”

◎ 金融改革的“三大方向”

《金融炼金术的终结》并非悲观主义的抱怨之书。金在下半部分系统地提出了解决金融系统“炼金术幻觉”的三条路径。

第一，建立“弹性更强”的银行体系。

金提倡更高的资本金要求，特别是对于系统性重要的金融机构。不能再允许“太大不能倒”的逻辑横行。

他还提出设立“善后银行”（bad bank），将危机中出现的坏账统一剥离，让健康资产继续运作，避免全系统瘫痪。

第二，推动货币政策与财政政策协调。

当前的困境在于：央行独立了，但政府不作为，结果是货币宽松在“孤军奋战”。金认为，未来需要更多“货币+财政”协同刺激投资。

例如，政府可以通过基建投资、科技创新扶持等方式，真正把资金引导到长期增长上。

第三，建立全球金融规则的协调机制。

金警告说："金融全球化了，但监管仍然是民族化的。"

他提出设立全球"金融稳定理事会"或类似G20框架下的"政策协调机制"，确保资本流动、货币汇率等问题有全球视角的处理，而不是陷入"你贬我也贬"的恶性竞争。

※ 小结：警惕"看起来有用"的魔法

默文·金作为英格兰银行前行长，经历了金融风暴的中心。他的书不是写给学者的，更像是一本写给普通人和政策制定者的"清醒手册"。

他提醒我们：

- 金钱的幻象不能替代真实的增长；
- 刺激政策不能无限延续，否则未来代价更大；
- 如果金融系统看起来像魔术，那它一定藏着风险。

正如他在书中所说："真正的金融稳定，不是没有波动，而是制度可以承受波动。"

《金融炼金术的终结》是一本值得每个关心经济未来的人阅读的作品。它提醒我们：走出危机，不是靠印钱，而是靠改革；不是靠奇迹，而是靠规矩。

29 《21世纪资本论》（托马斯·皮凯蒂）
——财富越来越集中，是资本主义的必然吗？

在过去几十年里，我们常听到这样一句话：“只要努力工作，人人都有机会成功。”这听起来既公平又激励人心。但法国经济学家托马斯·皮凯蒂在《21世纪资本论》中泼了一盆冷水。他告诉我们：在当今世界，财富的集中并不是意外，而是资本主义在没有干预情况下的“自然倾向”。

皮凯蒂这本书，厚达700多页，阅读难度不小。但它所提出的核心观点却极具冲击力：如果不进行制度性调整，未来的世界将像19世纪的欧洲那样，变成“祖上积德决定命运”的社会。努力当然重要，但你能不能翻身，可能首先要看父母有没有资产。

这本书甫一出版便引发全球讨论，被誉为“新世纪最重要的经济著作之一”。它不仅用数据讲述了200年的财富演变，还试图回答一个根本问题：我们究竟能不能用政策，来阻止财富越来越集中？

◎ 资本主义的“沉默法则”：$r>g$

皮凯蒂提出的核心公式是：

$$r>g$$

式中，r代表资本的平均回报率（例如房产、股权、债券的回报），g代表经济增长率（如GDP增速或人均收入增速）。

什么意思呢？

举个例子，如果你坐拥大量资产，每年靠资本增值赚8%，而普通人的工资和社会整体经济只增长2%，那么哪怕你什么也不干，你的财富也会“自然滚雪球”，越滚越大。

皮凯蒂指出，这种现象在过去两个世纪的历史中屡见不鲜：

- 19世纪欧洲（尤其是英国、法国）资产收益远高于工资增长；
- 两次世界大战中断了这个趋势，让财富重新分配；
- 但自20世纪70年代以来，资本收益再次超过经济增速，贫富差距重新拉开。

他用大量历史数据佐证：如果不干预，财富就会“自动上移”到富人阶层，并代际累积。这并不是阴谋论，而是制度结构的产物。

◎ 数据背后的故事：谁变得更富了？

皮凯蒂团队耗费十几年，整理了全球20多个国家长达200年的收入与财富数据，结果发现一个惊人的趋势：世界前1%的人群，控制的财富比例越来越大。

皮凯蒂发现，即便是在一些我们认为“较为平等”的国家（如瑞典、德国），这一趋势也在悄然发生。

他特别指出，“工资收入”已经无法解释富人的暴富轨迹。越来越多的财富，来自继承、房产、金融资产和公司股权——这些资本的收益，远远超过劳动所得。

皮凯蒂坚信，一个社会的贫富差距，不能只看有多少人在工作，更要看谁拥有资本，以及资本的回报率有多高。

◎ 现代“新贵族”的兴起：财富继承者再度掌权？

《21世纪资本论》并不是一本“打击富人”的书，而是一本揭露“结构性不平等”的经济研究著作。

皮凯蒂指出，随着财富越来越集中，我们正在重新走向19世纪的“继承社会”。

他用小说家巴尔扎克和简·奥斯汀的角色举例说明，在那个时代，一个年轻人若想过上富足生活，最稳妥的方式不是创业或工作，而是找个富有的伴侣。

他警告道："如果当前趋势不变，21世纪的青年将越来越像19世纪的青年——靠关系、靠嫁娶、靠继承决定人生。"这种"机会僵化"不仅伤害穷人，更对整个社会的创新、流动性与公平感造成冲击。

◎ 全球化与资本自由流动的悖论

很多人会问：为什么在全球经济增长的同时，贫富差距却在扩大?

皮凯蒂给出的答案之一是：资本的流动太自由，而监管和税收却太落后。

以跨国公司为例，它们可以将利润转移到避税天堂、将总部设在低税率国家、利用漏洞避开财富再分配。

这种"无国界资本"的优势，让富人可以合法地规避本应承担的社会责任。

而与此同时，普通人却只能依靠本国政府的公共服务，承受医疗费用、教育费用、房价上涨等压力。

这就像是在一场比赛中，有人拥有自由转换赛道的能力，而大多数人只能被困在一个规则里苦苦挣扎。

◎ 怎样打破"$r>g$"的魔咒?

皮凯蒂并不只是抱怨，他在书中提出了几项颇具争议却逻辑严密的改革建议。

① 设立全球财富税

他主张对巨额私人财富（如超过500万美元）征收年税，哪怕比例很低（如1%～2%），也能有效减缓财富积累的"雪球效应"。

② 强化遗产税

打破“财富继承特权”，让下一代起点更接近。

③ 提高高收入者边际税率

历史上，美国在战后黄金时期（1950～1980年）曾对顶级富人征收70%～90%的所得税，而经济增长依然迅猛。皮凯蒂认为，高税率不一定阻碍创新，反而可能促进公平。

当然，他也承认，这些政策在现实中推行困难重重，尤其是需要全球协调。但他坚持认为：税收不是惩罚，而是文明社会运作的基础。

◎ 是危言耸听，还是深谋远虑？

《21世纪资本论》一度引发激烈争议：

- 支持者称赞它揭示了贫富差距的深层结构，为公共政策提供了理论支持；
- 批评者则质疑其数据方法，认为财富并非“零和游戏”，而是可以创造的。

但无论立场如何，皮凯蒂无疑用这本书改变了全球对于“资本”的看法。

从硅谷精英到达沃斯论坛，从联合国到G20，越来越多的政策制定者开始重新思考财富分配的正当性与后果。

※ 小结：资本主义，需要一双“看得见的手”

《21世纪资本论》不是经济学的终点，而是对现代资本主义提出的挑战书。它让我们开始重新提问：

- 机会公平真的存在吗，还是只是幻觉？
- 财富是努力的回报，还是制度的馈赠？
- 我们的税收与公共制度，是否跟得上资本的增长速度？

皮凯蒂没有否定市场，也没有鼓吹平均主义。他所呼吁的，是“可持续的资本主义”：一个既能激励创造，又能防止财富被永久垄断的体系。

在这个动荡的时代，我们需要的或许不仅是经济增长，更是经济正义。而理解“资本的逻辑”，正是走向那个方向的第一步。

30 《资本的秘密》（赫尔南多·德·索托）——贫穷国家真的是缺资产吗？

说到“贫穷国家”，我们的第一反应往往是：资源匮乏、基础薄弱、资金短缺……但秘鲁经济学家赫尔南多·德·索托却提出了一个惊人的观点：贫穷国家并不是缺少资产，而是缺少把资产“变成资本”的机制。

在《资本的秘密》这本书中，德·索托用翔实的数据、跨国案例和第一手调查告诉我们：发展中国家其实有大量“沉睡的资产”，只不过这些资产因为缺乏合法产权、注册机制或制度支撑，无法被用作抵押、交易、融资或流通。

简而言之，这本书不是在教你如何投资房地产，而是从宏观制度层面，回答一个根本问题：为什么资本主义在西方国家成功了，而在大多数贫穷国家却始终无法落地生根？

◎ 资产≠资本？“资本的魔法”来自哪儿？

德·索托指出，许多发展中国家的居民其实拥有不少“资产”——房屋、土地、小商铺、牲畜、工具……这些物件在日常生活中既有实际用途，也有价值。但它们却不能像西方国家那样，转化为“资本”。

这里的区别至关重要：

资产（Assets）是你拥有的东西，资本（Capital）是你能从这些东西中“提取出来”的潜在价值。

举个例子：

- 一个农民拥有一块地，但没有正式产权；

· 他不能用这块地去银行贷款，不能合法出售，不能进行商业开发；

· 最终，这块地只能用来自耕或自住，而不是融入市场体系产生更大价值。

这正是德·索托所说的："资本的秘密并不在于资产本身，而在于制度赋予它们'流动性'的能力。"

◎ 世界上最大的不动产资源库，竟在贫民窟？

你可能没想到：全球发展中国家中最庞大的资产存量，并不在政府手中，而在广大"非正式经济体"之中。

德·索托团队曾对五个国家（秘鲁、菲律宾、埃及、海地、墨西哥）进行了为期十年的实地调研。他们惊人地发现：这些国家中，普通民众非正式但实际拥有的不动产总价值，远超其外资总额与官方资本存量。

例如在埃及：

· 非正式住房（即未登记的房屋）总值超过2410亿美元；

· 这个数字比所有埃及公司的总资产还高出数倍。

换句话说，这些"穷人"其实一点也不穷——他们的"房产"只是"看不见"的，因为缺少合法身份、无法登记入册。

德·索托打了一个比喻：发展中国家的城市，像一个地图上没有标注街道的迷宫。你知道这些房子在哪里，但法律系统却"看不见"它们。

◎ 产权制度：资本主义的"底层建筑"

那么，为什么西方国家的资本主义能成功运作上百年？

德·索托认为，关键在于制度，特别是透明、统一的产权制度。

在美国、英国等发达国家，你要卖房、抵押贷款、开公司，都必须依托一整套清晰的制度体系：

· 资产登记簿（你拥有的房产有法律凭证）；

- 契约执行机制（可以起诉、仲裁）；
- 公开市场（可以自由买卖、抵押）；
- 信用体系（凭资产获得融资）；
- 信息可查（买卖双方可以信任）。

这一整套机制，让“资产”得以流动、拆分、转让、抵押，也让资本能够“繁殖”。

而在很多发展中国家，这些机制都极度混乱或根本不存在：

- 土地登记系统缺失或登记流程冗长；
- 权属不清、重叠冲突，易被官僚腐败操控；
- 民众难以获得法律支持，只能靠“非正式”手段保护自己。

于是，资产只能“沉睡”在当地社区内部，而无法被“唤醒”并参与更大范围的市场经济。

◎ 为什么穷人不去登记产权？答案比你想得复杂

你也许会想：既然拥有合法产权这么重要，为什么穷人不去“补办手续”？

德·索托指出，许多国家的制度障碍本身就是一种“隐性歧视”。

举个例子，在秘鲁首都利马，一个家庭如果要合法登记住房产权，需要：

- 进行207项官僚程序；
- 横跨52个政府部门；
- 耗时6年半以上；
- 花费相当于20个月的最低工资。

对于一个每天忙着糊口的小商贩来说，这简直是“制度阶级的牢笼”。

这说明，穷人不是不想合法化，而是被制度逼上了“非正式”的路径。德·索托称其为“平民的资本主义”——在制度排斥下，普通人只能创造出自己的一套经济规则，却无法真正进入“国家承认”的经济体系。

◎ 案例剖析：当“非正式”经济无法转正

《资本的秘密》中提到了一则极具代表性的案例：

在埃及，一位名叫穆罕默德的小贩，在开罗街头卖鞋已有十余年，他每月能挣约200美元，在当地算是稳定收入。

穆罕默德拥有一个小铺面和存货，但因为没有营业执照，不能开银行账户，也不能扩张；更重要的是，他的孩子无法继承这份生意——因为“法律上这不算企业”。

在这个意义上，穆罕默德拥有的不是“公司”，而是一个“影子经济单位”。

德·索托指出，世界上像穆罕默德这样的人，可能超过20亿。他们构成了全球经济的“灰色地带”：看得见、摸得着，但却不能被承认、保护或放大。

◎ 资本主义的“软件升级”必须发生在制度层面

《资本的秘密》不是一本鼓吹自由市场的教科书，也不是对政府失职的批判，而是一次对全球经济制度的“源代码审计”。

德·索托的主张并不复杂：

· 不是要给穷人送钱，而是要给穷人一个“制度通道”；

· 不是单纯扶持小微企业，而是要赋予他们财产权和信用工具；

· 不是砸钱建基础设施，而是要建立能转化资产为资本的机制。

他甚至提出一个极具挑战性的比喻：如果制度无法承认“穆罕默德的鞋摊”，就像操作系统无法读取U盘。你不用换U盘，你得升级系统。

※ 小结：资本的秘密，不藏在钱里，而藏在制度里

这本书之所以震撼，是因为它颠覆了我们对贫穷的传统理解：

- 穷人不是没有资源，而是没有能使用这些资源的“钥匙”；
- 市场不是自动包容所有人，而是必须有“入口机制”；
- 财富积累，不只是能力问题，更是制度可及性问题。

德·索托让我们看到，资本主义的真正力量不在于“富人能投资”，而在于普通人也能“参与”。

当我们谈论全球发展、减贫计划、经济援助时，或许应该先问一句：这个国家的制度，能不能让穷人把手中的“砖头”变成“银行认可的资产”？

在一个人人都能成为“资本持有者”的社会里，才有真正的公平、增长与未来。这，正是《资本的秘密》想告诉我们的最大真相。

4

第四部分

商业新格局：平台、科技与创新经济

——新经济规则，决定你是否能参与未来

31 《平台革命》（杰弗里·帕克等）
——平台企业如何重塑商业竞争力？

在工业时代，成功的企业靠的是“拥有”，拥有工厂、渠道、仓库、生产线。而在数字时代，赢家靠的是“连接”，连接用户、供给方、数据流和信息流。这正是“平台革命”的核心：平台型公司不必制造商品，却能统领市场生态；不必直接交易，却能创造巨大价值。

《平台革命》正是一本揭示这种新型商业模式运作机制的经典之作，它不仅系统梳理了平台的理论结构，更以翔实的商业案例说明：为什么“平台思维”正在重塑全球经济。

◎ 平台不是产品，而是价值交换的引擎

传统企业卖的是产品或服务，平台企业则创造“价值交换的场所”。

举个例子：Airbnb（爱彼迎）不拥有一家酒店，却提供了全球最多的房间；Facebook（脸书）不生产内容，却成为全球最强大的社交信息平台；Uber（优步）不拥有车队，却改变了数亿人的出行方式。

这些平台公司所做的，是构建一个“多边市场”，让不同角色的用户（房东与租客、司机与乘客、内容创作者与读者）可以在一个规则体系中互动、交易、创造价值。而平台本身的角色，就像一个“导演”：不参与演出，但决定舞台规则。

Airbnb 成功的秘诀就在于，它不把自己当酒店公司，而是一个“房屋共享”的撮合平台。

它解决了传统旅宿的三大痛点：

- 酒店供给稀缺；
- 价格不透明；
- 缺乏“在地生活”的体验感。

Airbnb 的平台设计允许任何有空闲房间的人变身“微型旅馆老板”，让旅行者获得个性化住宿。它创造了一个由数百万“非专业房东”组成的住宿市场，靠“用户评价体系”维护质量，靠“平台担保机制”建立信任。

Uber 也同样精彩：它重构了打车这一服务流程，用手机App、实时匹配和价格透明解决了传统出租车的种种弊端。而其“动态定价”机制、乘客评分制度，则体现了平台的规则设计能力。

两者都体现了平台的三大关键词：撮合、信任、治理。

◎ 网络效应：让平台“越用越值钱”

《平台革命》指出：平台的成功并不仅仅在于“连接”，更在于“网络效应”。

这是什么意思呢？就是：使用人数越多，平台对每个用户的价值就越大。

Facebook 就是经典案例。最开始它只是哈佛大学的一个小社交工具，但随着用户增多，用户间互动频率提高，平台黏性越来越强，逐步吸引全球几十亿用户，最终形成一个“自增长”的网络。

亚马逊的电商平台同样具备强网络效应：

- 更多卖家 → 提供更多商品 → 吸引更多买家；
- 更多买家 → 销量上升 → 吸引更多卖家。

平台成为“多边网络飞轮”的操控者。

◎ 平台的冷启动：先有鸡还是先有蛋？

然而，平台最困难的地方在起步阶段：没有用户就没有价值，但没有价值用户也不来。这是平台创业者最头疼的问题。

书中总结了几种“冷启动”策略：

- 侧重启动单一用户群体：比如 LinkedIn（领英）一开始只针对硅谷科技圈，先建立“核心用户密度”。
- 通过内部供给补位：早期 Airbnb（爱彼迎）的员工亲自挂牌自己的房屋做样板。
- 通过明星用户吸引关注：Twitter（推特，后更名为X）曾靠早期名人转发制造舆论效应。
- 补贴策略吸引使用者：PayPal（贝宝）初期给每个新用户送现金奖励，只为快速扩张用户池。

平台早期的构建，不在于规模，而在于“信任基础”和“初始流动性”。

◎ 规则比技术更重要

一个成功的平台，不是靠功能最强的技术，而是靠设计最好的规则。

以 YouTube 为例，它的评论系统、推荐算法、广告分成机制，共同构成了一个生态——创作者愿意上传内容、观众获得沉浸式体验、平台收集数据优化分发。

平台公司要解决的，从来不是“技术上能不能做到”，而是“人愿不愿参与、愿不愿留在这里”。

正因为如此，平台需要扮演一个“中立治理者”角色，要维护交易的公平性、公信力和安全性——否则，内容泛滥、诈骗滋生，生态就会崩溃。

◎ 平台竞争：不是拼资源，而是拼生态

平台企业的竞争方式，与传统企业完全不同：

传统企业	平台企业
竞争优势来自资源掌控	竞争优势来自网络规模与数据
交易是线性流程	交易是多边协同
自营产品定价	用户定价，平台撮合
用户只是“客户”	用户既是供给者又是价值共创者

在平台经济中，赢家拥有的是“生态主导权”，而不是商品的所有权。

比如苹果公司（Apple）的应用商店（App Store），不靠自己做App，而靠吸引全球数百万开发者一起共建生态。

◎ 平台的另一面：垄断、操控与治理真空

当然，《平台革命》也不讳言平台带来的挑战，比如：

· 市场垄断：一旦形成规模优势，平台公司常常呈现“赢家通吃”；

· 劳动权益模糊：Uber司机、内容创作者、外包众包工人的法律地位常处“灰色地带”；

· 算法偏见与信息操控：平台有权决定你看到什么，却常常不透明；

· 数据集中与隐私风险：用户信息变成商品，被用于商业甚至政治目标。

因此，平台革命不是简单的技术革新，而是对社会治理提出的新命题。

※ 小结：你不是消费者，而是“平台的参与者”

《平台革命》这本书不是教你怎么创业，而是帮助你理解当今商业逻辑的变化。

它向我们揭示了：

· 为什么很多平台不靠生产，却能统治市场？

· 为什么你每天的“刷手机”行为，其实是在参与一场价值交换？

· 为什么未来的企业，拼的不是产品，而是生态协调能力？

在平台时代，我们每个人都在这个巨大的系统中扮演角色：是供给者、消费者，也是规则接受者。而读懂平台的游戏规则，正是理解未来商业和经济趋势的第一步。

32 《长尾理论》(克里斯·安德森)
——在无限货架中，冷门如何变成爆款？

你有没有注意过，自己最近听的歌、看的电影、买的书，并不都是排行榜上的热门作品？反而是一些“边角料”：小众乐队的B面曲、独立导演的纪录片、销量一般却评价超高的图书。

在传统商业逻辑中，这种“冷门”内容几乎没有生存空间。但《长尾理论》告诉我们——在数字时代，这些原本注定被遗忘的“边缘”，却在悄悄累积巨大的经济力量。

克里斯·安德森是《连线》杂志的主编，他提出的“长尾理论”（The Long Tail）已经成为理解新商业世界的一把钥匙。他发现：在一个商品种类无限、上架成本接近零的世界里，原本无人问津的“冷门”产品加在一起，所带来的利润甚至可能超过头部爆款。

这就是“长尾”的魅力——不在于某一个尾巴有多大，而在于这个尾巴足够长，足够多，足够容易被找到。

◎ 为什么“冷门”正在统治世界?

在传统商业环境中，店铺的货架有限、库存成本高，商家只能选择那些最可能畅销的商品，也就是“80/20法则”中的20%——最热门的内容、最畅销的产品，才值得出现在店里。

举个例子：一家唱片行可能只能摆下3000张CD，那当然要优先卖知名歌手碧昂丝、阿黛尔的唱片，而不是某个不知名的非主流电子乐队的唱片。

但在亚马逊、iTunes、Spotify这些平台上，货架变成了无限。每增加一首歌或一本书，几乎没有额外成本。而且，通过搜索、推荐、标签等机制，用户可以轻松找到自己感兴趣的“非主流”内容。

结果是：虽然每首冷门歌的播放量都很低，但几百万首这样的歌加在一起，流量可能超过前十名的歌曲。

安德森用一句话总结这个颠覆性的结论：我们过去是一个以热门为王的市场，现在正进入一个由“冷门”统治的时代。

◎ 亚马逊（Amazon）是怎么靠“长尾”赚钱的？

电商平台亚马逊可谓是“长尾理论”的典型代表。

安德森引用了一个惊人的数据：在亚马逊上，全部图书销售中，大约30%来自那些从未出现在任何畅销榜的书籍。而这些书，在传统书店里根本没有上架机会。

换句话说，亚马逊靠的不只有《哈利·波特》、《史蒂芬·乔布斯传》，还拥有大量你没听过的育儿书、烘焙教程、自费出版的小说。

这种现象在音乐、电影甚至玩具领域也普遍存在。Netflix（网飞）平台上，大量用户观看的是冷门独立电影；Rhapsody音乐平台中，大部分用户播放的是排行榜以外的曲目；Lego（乐高）的在线商城中，冷门小众的拼装包竟成为利润的重要来源。

而这一切的共同点是：数字平台打破了物理限制，让“长尾”产品得以被展示、被发现、并持续变现。

◎ 为什么“长尾”是平台经济的法宝？

传统零售商的痛点在于“库存压力”，每一件商品上架都意味着成本（租金、物流、维护、退换等）。

但数字平台不同，数字商品几乎零边际成本；即便是实物商品，其仓储和物流成本也被平台的规模效应稀释。

更关键的是，平台还拥有“搜索”与“推荐算法”这两大武器：

- 当你在Netflix上看了一部日本动漫，它会立刻给你推荐更多类似作品；
- 在亚马逊Amazon买了一本育儿书，它会顺手推给你一套儿童心理学入门；
- 在YouTube上点开冷门唱作人的MV，你可能被算法带进一个深不见底的“小众宇宙”。

安德森指出：长尾之所以能变现，关键在于“找到它”。

平台正是那个高效连接需求与供给的机制，使得“冷门”也能匹配到精准用户，释放长期价值。

◎ “长尾经济”的三个黄金原则

安德森总结出三个关键法则，解释为什么“长尾经济”会成为主流：

① 把一切数字化

越多产品变成数字形式，就越容易上架、存储、传播。音乐、视频、图书是长尾效应最早爆发的领域。

② 降低上架门槛

平台要鼓励内容创作者发布冷门内容。比如亚马逊的Kindle Direct Publishing、YouTube的上传功能，允许任何人参与。

③ 精准推荐与个性化搜索

越好的推荐系统，越能把用户带出“头部陷阱”，进入多样化探索。例如Netflix 80%以上的观看内容来自推荐。

安德森甚至指出：推荐系统才是让长尾变现的真正引擎。

◎ 长尾不是替代“爆款”，而是重塑“价值定义”

这本书的另一个重要观点是：“长尾”和“爆款”并不是对立的。

爆款依旧存在，但它不再是唯一的赢家。在互联网世界，更多小而美、精而专的内容和产品也有“活路”。

你不再需要取悦“所有人”，只要找到1%的粉丝，并通过社交网络、社区、平台工具把他们留住、服务好，就能活得不错。

这背后是一种价值逻辑的重构：

- 爆款追求广度，长尾追求深度；
- 爆款靠规模获利，长尾靠精准连接；
- 爆款是“谁都能用”，长尾是“只为你用”。

◎ 我们如何成为“长尾”的参与者？

《长尾理论》不仅讲了平台如何获利，也鼓励每个普通人重新思考自己的角色。

我们不再只是消费者，而是参与者，是贡献者，是“长尾”的制造者。

- 你写一篇冷门文章上传到某平台，也许只被500人阅读，但这500人是真正关心这个主题的人；
- 你在社交媒体上传一个“Excel教学视频”，播放量不过3000次，但你是那3000人中不可替代的创作者；
- 你设计的一套小语种学习卡片，没进教材目录，但在某平台上却悄悄卖了2000套。

这正是“长尾”的力量：不在于爆发，而在于持续、精准、多样和可复制。

※ 小结：爆款不是唯一，“冷门”正在逆袭

《长尾理论》让我们意识到：在数字时代，市场不是一座金字塔，而是一条长长的流线。

在这个世界里，每个小众的爱好、冷门的商品、微妙的兴趣，都可能

拥有自己的稳定“生态圈”。

它教会我们：

- 不必非做爆款，做对人有价值的事就足够；
- 平台不是卖货场，而是连接器、过滤器、扩音器；
- 商业的未来，属于那些“愿意服务小市场”的人。

你可以是小众作者、独立开发者、冷门产品的创业者——在这个长尾世界里，每个真实需求都值得被回应，每个热爱都能找到归宿。

33 《信息规则》（卡尔·夏皮罗、哈尔·范里安）
——数字时代，如何赢得市场？

在传统经济中，价值来自物理资源的占有和转移；而在数字经济中，价值则来自信息的复制、分发与控制。

当“知识”“代码”或“内容”成为商品，一个古老的问题便被重新激活：如果复制几乎不花成本，那你凭什么收费？

这正是《信息规则》想要回答的核心问题。

作为加州大学伯克利分校的经济学教授，夏皮罗与范里安在本书中尝试为数字时代的商业竞争制定一套“使用说明书”。他们的立论基础是：虽然技术变了，但经济学的原理没变。

换句话说：信息产品可以很“虚”，但背后的规律很“实”。他们用一套精妙的逻辑框架，解释了微软、苹果、网飞、谷歌等公司如何通过“旧规则+新场景”，主导了数字世界的秩序。

◎ 信息产品的五个经济特性：看似轻盈，其实极“重”

首先，我们要搞清楚“信息产品”的本质是什么。它们和牛奶、汽车、房子这些传统商品，有五个显著的不同。

① 高固定成本，低边际成本

开发一款软件可能耗资千万，但复制一份发给用户，成本几乎为零。这就形成“规模效应”：用户越多，平均成本越低，越容易形成垄断。

② 一经生产，可无限使用

不像水果会腐烂、车子会磨损，信息可以无限次使用而不损耗，比如一首歌曲或一本电子书。

③ 复制几乎免费，但质量不能降

你复制得越多，不代表可以降低品质要求。信息产品必须保持原样，不然用户会迅速流失。

④ 难以封锁传播

数字文件极易泄露（比如盗版、复制分享等），想“堵住它”比传统商品难多了。

⑤ 价值高度主观

一款游戏对一个人来说无聊至极，对另一个人来说却可能价值千金，这依赖的是“用户感知”。

这些特性共同塑造了一个竞争异常激烈的市场：赢者通吃，失败者难以翻身。

◎ 定价策略：别想着“公平”，要学会“歧视”

传统商品可以明码标价，但信息产品应该“一个价格打天下”吗？《信息规则》指出：歧视性定价是信息经济的灵魂。

什么是“歧视性定价”？就是对不同用户收不同的钱，最大程度捕捉每个消费者的支付意愿。

比如：

- 学术期刊对个人订阅和图书馆订阅的价格天差地别；
- Adobe软件对学生打“骨折价”，但对商业用户按全额收费；
- Netflix在美国的月费和在印度、菲律宾的截然不同。

这种“价格歧视”有三种形式：

类型	方　式	案　例
一级歧视	精准个性化定价	电商根据购买记录浮动报价（理论上理想，现实中难实现）
二级歧视	用户自我选择	高、中、低档版本的软件套餐
三级歧视	按群体差异定价	学生票、区域定价

这不是不公平，而是一种效率：信息产品的边际成本趋近于零，只要有人愿意支付某个价格，就该让他买到。

◎ 锁定用户的秘密：兼容性 vs 锁定效应

《信息规则》强调：在信息市场里，真正决定赢家的，不是产品本身，而是“能否锁住用户”。这就引出了两个关键策略：

① 兼容性

你是继续支持旧格式，还是推出全新格式？是开放接口，还是封闭系统？

一个经典案例是：

· 微软的Office文档格式（.doc、.xls）在早期被大力推广，形成广泛兼容；

· 而苹果曾试图推行封闭的QuickTime格式，最后不得不向开放妥协。

兼容性越强，网络效应越强。

② 锁定效应

如果用户用了你的产品，很难转向其他产品，那么你就赢了。

比如：

· 苹果用户购买大量iTunes歌曲，换平台成本太高；

· Photoshop的操作习惯深入人心，新人难以转向；

· 企业采用SAP系统（德国SAP公司开发的企业资源计划软件）后，切换成本极大，不得不一直沿用。

这就是典型的“路径依赖”：哪怕你不是最好的，只要用得久，别人就不想换。

◎ 网络效应：赢家通吃的时代游戏

在信息市场，越多人用的产品就越有价值。这叫“网络效应”。

Facebook 就是“网络效应”的典型“赢家”——你用它不是因为它的功能最强，而是因为“别人都在用”。

《信息规则》指出：网络效应会导致两种市场动态。

① 正反馈加速领先者

领先者吸引更多用户，获取更多资源，导致“强者更强”。

② 劣势者难以翻身

哪怕你技术领先，也可能因用户基数低而被边缘化。

微软Office并不是当年最好的办公软件，但因为普及度高、文档互通，它迅速成为事实标准。

而Google+功能其实很完善，为什么打不过Facebook呢？因为它的基础用户太少，没有办法形成网络效应。

◎ 如何设定市场规则，才不会被“吃干抹净”？

数字时代的产品设计、发布策略、市场扩张，都必须遵循一套新的游戏规则。

在《信息规则》一书中，作者提出了几条实战策略：

① 先建立用户基数，再考虑盈利

先“免费”吸引用户，再利用广告、增值服务或VIP收费来变现。这是Google、YouTube、Spotify的经典路径。

② 掌握“标准制定权”

如果你能定义行业格式（比如微软定义.doc），你就能收“过路费”，即便别人做得再好，也得围绕你转。

③ 不怕有盗版，就怕没人用

盗版Napster、盗版WinRAR、盗版Photoshop……很多软件最早都是“盗版带红”。真正赚钱的是被“盗”之后转化的市场。

④ 有时候，要打“免费牌”

你可以用免费版做“钩子”，让用户上瘾后付费。例如Zoom、Slack、Notion等都用这套“先免费，再闭环”的增长模型。

◎ 当信息成为武器，经济就必须重构

最后，《信息规则》给出一个深刻的提醒：信息不仅是商品，它也是武器。

比如Google通过掌控搜索，决定了你“看见什么”；Facebook通过算法影响情绪，可以改变选票；亚马逊通过推荐系统，引导消费结构。

所以，未来的商业竞争，不只是产品之间的博弈，更是注意力、信任、路径依赖与生态锁定之间的战争。

这也是为什么，信息经济已经不只是企业话题，而是全球战略层面的议题——涉及隐私、法规、国家安全、技术伦理。

※ 小结：经济规律没变，但游戏方式全变了

《信息规则》这本书写于20世纪末，却依然精准预言了数字经济的核心逻辑，它让我们明白：

- “信息”不是一个“轻”商品，而是一个拥有极强放大效应的经济体；
- 定价不在“公平”，而在“理解每个人愿意付出多少”；
- 网络效应和锁定效应，是数字产品的“护城河”；
- 在信息经济中，你不是靠生产赚钱，而是靠分发与主导规则赚钱。

在AI、Web3、大数据不断崛起的今天，《信息规则》依旧是每一个创业者、内容创作者、平台操盘手必须读的底层“兵法书”。

正如两位作者反复强调的那句话：技术会变，但经济学不会说谎。

34 《创新者的解答》（克莱顿·克里斯坦森、迈克尔·雷纳）
——大企业是如何在“创新”中被颠覆的？

在商业世界里，有一个奇怪的现象反复上演：

不是技术落后的公司被打败了，而是技术领先的大企业，在风平浪静中突然被击沉。

诺基亚明明砸下重金搞研发，还是被iPhone打了个措手不及；柯达早就发明了数码相机，却最终败给了数码化；黑莓曾是职场精英的标配，如今连“经典回忆”都算不上。为什么这些原本强大的企业，会在“创新”时代集体衰落？

克莱顿·克里斯坦森和迈克尔·雷纳在《创新者的解答》中给出了令人震惊又深刻的答案：不是它们不懂创新，而是被“成功的逻辑”反咬了一口。

这本书是对克里斯坦森的经典著作《创新者的窘境》的延伸，从“为什么强者会败”进一步走向“弱者怎么赢，强者怎样自救”。他说得直白：如果你想在未来活下去，你就必须比别人更早打破自己的成功路径。

◎ 什么是真正的颠覆式创新？

我们一说“创新”，脑子里总会冒出“高科技”“先进功能”“性能飞跃”这些词。但克里斯坦森提醒我们，真正改变世界的“颠覆式创新”，起步通常是很土的。

别看iPhone今天风光无限，它最初不过是个没键盘、不支持闪光灯、价格昂贵、续航时间短的“奇葩”手机；Netflix刚起步时送DVD的方式也曾被主流影业嘲笑为“懒人玩意”；早年的低成本航空、线上教育、共享住宿，也都被当成“搞不出大事”的边角料市场。

但历史一再证明：大变革从不发生在大人物正在关注的地方，而是从他们视线之外悄悄崛起。

颠覆式创新的关键，不在于把东西做得多“好”，而在于满足那些还未被服务的人群——也就是“非客户”。

他们可能付不起主流产品的价格，或者根本不在现有渠道里；他们的需求看起来“不主流”，但一旦市场打开，非客户群体往往释放出惊人的爆发点。

◎ 为什么大公司反而最容易“创新失败”？

听起来有点荒诞吧？那些资金最多、人才最密集、研发预算最充足的大企业，反而最容易被颠覆。为什么？

克里斯坦森指出，问题的根源不在“懒”，而在“太理性”了。

比如，在资源分配上，大公司通常是靠财报、数据和回报率决定投资方向的。哪个产品赚钱多、客户反馈好，就多投；新项目如果三年之内没回本，立刻砍掉。这种逻辑在稳态时期非常好用，但对一项起步阶段不赚钱、客户还没习惯、前景模糊的“颠覆式创新”来说，简直就是天敌。

再比如，企业习惯了“听客户的声音”，这听起来似乎没毛病。但问题是，客户只会提出他们“已知的需要”。你让2005年的消费者说说对手机的期待，他们只会告诉你“能不能再做小一点、键盘手感再好点”，而绝不会告诉你“我想要一个没有键盘、能看视频、还可以下载各种App的触摸屏设备”。

听客户的需求，能让你赢得短期收益，但创新往往是发现连客户自己都没意识到的可能性。

还有一个更致命的因素：路径锁定。一家靠胶卷赚钱的公司（比如柯达），怎么可能愿意全力投入数码相机的生产？数码技术的发展可能等于自断财路啊。这就是所谓的“旧成功模式，绑住了新可能”。

◎ 要成功创新，关键不在技术，而在看见“被忽略的人”

克里斯坦森在《创新者的解答》一书中多次强调：最伟大的创新不是发明更强的东西，而是提供更便宜、更方便、更可获得的选择。

这就要求你反过来思考：

不是问“我还能为客户多做点什么”，而是问“是谁还没成为我的客户？”。

书里提到，孟加拉国的Grameen银行不是和大银行抢客户，而是瞄准了那些连银行账户都没有的穷人；廉价航空公司Southwest的目标也不是高端旅客，而是那些本来坐不起飞机、只能坐汽车的人。

这些被传统企业忽视的人群，恰恰孕育了新市场。你不是去抢蛋糕，而是去发现没人发现的“空盘子”。

◎ 别把创新困死在旧体制里

你可能会问：那我明白了，是不是我把创新项目交给现有的研发部门，让他们边做边探索就行？

错了。

现实里，大多数“好点子”不是死在市场里，而是死在“公司体制”里。

克里斯坦森非常明确地建议：创新项目应该在结构上被“隔离”出来，让它自己烧预算，自己搭团队，有权试错、有空间失败，才可能长成参天大树。

他举了英特尔的例子。英特尔曾试图做移动处理器，却总是半途而废，因为所有资源都倾斜给了更赚钱的PC（个人计算机）芯片业务。哪怕移动芯片未来潜力再大，在财务会议上一看，“短期不挣钱”，就被砍了。

相比之下，Amazon做云服务（AWS）时，专门成立独立团队，不受零售业务牵制，才有了今天的全球第一。

创新从来不是“顺便做一做”，而是一场背离主流的冒险。

◎ 真正伟大的公司，敢于革自己的命

或许你会想，书里讲的这些道理，听起来有些“反商业直觉”：忽视主流客户、放弃盈利逻辑、主业之外搞点新东西……这真的靠谱吗?

克里斯坦森的回答是：最强的公司，就是那些敢于颠覆自己的公司。

IBM 在还统治大型主机市场的时候，自己启动了PC业务；Netflix 在DVD租赁最赚钱的时候，砍掉邮寄业务转型流媒体；亚马逊在卖书赚得盆满钵满的时候，却花力气搞AWS和Alexa……它们的共同点是：在最强的时候主动离开舒适区。

因为他们明白一个道理：你不革自己的命，就会有人来革你的命。

※ 小结：创新不是做得更好，而是重新定义“好”

《创新者的解答》并不是教你怎么造出下一个iPhone，而是教你如何看清商业竞争的“底层逻辑”。

它会让你明白：

- 真正的创新，不是技术多高端，而是有没有触达那些被忽视的人群；
- 大公司的失败，不是因为懒惰，而是被成功模式捆住了手脚；
- 创新的关键，不是问“客户想要什么”，而是去找“谁还不是客户”；
- 如果你想突破旧格局，先要敢于把旧成功放下。

在克里斯坦森笔下，创新不是一个选项，而是一种生存策略。

你不需要从硅谷起步，也不必是科技奇才，只要你敢于问出那个问题：“谁还没被服务？他们真正想要什么？”你就已经走在了创新的路上。

别等被颠覆了才醒悟，有远见的人，早已悄悄开始动手。

35 《第三次工业革命》（杰里米·里夫金）——绿色能源与网络社会，会开启新经济纪元吗？

在人类经济的漫长演化中，真正能改变文明走向的，是那些能同时改写“能源”与“通信”的革命。工业革命不只是蒸汽机的故事，也不仅仅是煤炭与机器的组合。它是一场关于“怎么获取能量、怎么组织协作”的深层重构。

这是杰里米·里夫金在《第三次工业革命》中反复强调的观点：只有当能源系统和通信技术发生同步变革，才会出现真正的“新经济秩序”。

第一场革命，蒸汽机+印刷术；

第二场革命，电力+电话广播；

第三场革命，则是“可再生能源+互联网”。

他大胆预言，我们正站在一场彻底改变全球经济模式的门槛前，而这场变革的核心，是“分布式能源+数字协作”的融合。听起来很宏大？但他用极其具体的案例和逻辑，把这个未来图景一步步铺陈开来。

◎ 为什么“第三次工业革命”不只是口号？

里夫金提出，“革命”之所以被称为革命，不是因为新技术出现，而是因为它们被系统性地整合，最终改变了整个生产、流通与生活的结构。

在前两次工业革命中，能源获取是集中式的：煤矿、电厂、输电网络、油田……只有大企业、大资本才能进入。而信息传播也被“中心化”：报社、电台、电视台掌握话语权。

而现在呢？互联网让信息传播变得“去中心化”——你我都能成为信息

源头。与此同时，绿色能源的普及，如太阳能板、家用风力发电、小型储能技术，也在让能源生产“分布式”化。每一栋房子、每一辆电动车，甚至每一个移动设备，未来都可能既是能源的“用户”，也是能源的“生产者”。

这意味着：能源行业将不再是垄断行业，电力不再“自上而下”流动，而是像信息一样，自由交换、自主协同。

◎ 五大支柱，构筑“第三次工业革命”的骨架

在《第三次工业革命》一书中，里夫金提出，这场革命依赖于五根“支柱”共同发力。

① 传统能源转向可再生能源

太阳能、风能、生物质能等成为主力能源。德国“能源转型”就是典范，数以百万计的家庭装上了屋顶太阳能板，2020年德国一度超过40%的电力来自可再生能源。

② 每个建筑都成为“微型电厂”

不再依赖巨型发电厂，而是像“网络节点”一样的房屋自发自用，多余电量还能回传电网。例如丹麦的一些乡村，几乎实现了能源自给。

③ 氢能与智能储能系统

太阳能与风电受天气影响大，因此必须配备储能技术。里夫金特别强调“氢能”作为长期储能解决方案，虽然当下成本高，但一旦突破，其储能价值将超过传统的电池。

④ 互联网化的“智能电网”

能源也需要“信息化”，即通过物联网感知、AI算法调度，让用电与发电形成高效匹配。比如谷歌收购的Nest智能恒温器，就能根据用户习惯自动调节室温并优化用电。

⑤ 新能源交通网络

电动车只是开始，未来所有交通工具都将实现“电动化+联网化+共享

化”。正如作者所设想的那样，Uber、特斯拉、无人驾驶技术的出现，逐渐成为这条路线图上的几个关键环节。

这五大支柱，构成了一整套新经济架构：从“能源生产”到“消费模式”，从“产业结构”到“商业逻辑”，全部推翻重建。

◎ 从欧洲到亚洲，“未来已来”

如果你认为里夫金的构想只是理论，那就错了。

多个前沿国家和城市的实践，展示出“第三次工业革命”不再只是理论，而是正在发生的现实。

① 德国：能源革命的先行者

德国的“Energiewende”（能源转型）政策被誉为全球最彻底的绿色转型范例。通过高补贴政策、鼓励分布式发电，德国已涌现出数十万个“家庭电厂”。一些小镇甚至完全脱离国家电网，实现“能源自治”。

② 荷兰：自下而上的城市能源治理

阿姆斯特丹的“智慧城市”实验，利用大数据管理电力与交通，将绿色能源与数字平台融合。比如，在住宅区部署的“智能网关”，可以实时调节电动汽车充电与家庭能源使用的优先级，优化电网负载。

③ 韩国：首尔的“阳光城市”计划

首尔政府设立专门平台，为安装太阳能板的家庭提供“微贷支持”，并针对家庭节能给予“绿色积分”奖励。短短三年，该市的屋顶太阳能安装率翻了三番。

④ 美国：芝加哥的建筑物联网试点

芝加哥推出“智慧能源建筑联盟”，对参与建筑实时监控电力数据，根据使用时段动态定价，既提高了效率，也降低了能耗。

这些案例告诉我们，未来经济不是“重新建一个中心”，而是把权力、技术和资源“分散”到每一个节点、每一个人手中。

◎ 从“生产者—消费者”到“协作者—节点”

《第三次工业革命》这本书最有意思的地方之一，是它从经济学角度重新定义了“价值创造”与“资源配置”。

在传统经济模型中：

• 资源 → 被集中掌握 → 加工 → 市场销售；

• 企业是主导者，消费者是被动者。

而在“第三次工业革命”的模式下：

• 每个人都可能是“协作节点”；

• 能源、数据、物流、知识等，都不再是“一对多”传输，而是“多对多”协同。

举例来说：你家屋顶的太阳能，不只是你用，还是社区能源系统的一部分；你的电动车，在不用时可以“回电”到电网供他人使用；你的智能设备数据，经过授权后可参与城市调度系统优化。

总之，你不再是“消费者”，而是“平台协作者”。

这种模式，催生的是一种“协同经济”：比传统市场更灵活，比计划经济更高效。里夫金甚至提出：未来的GDP计算，也许要纳入“共享行为”“数据贡献”“社区产能”等非传统维度。

※ 小结：新经济不是空想，而是一个系统工程的开端

《第三次工业革命》不是一本技术书，也不是一本“乌托邦幻想录”。它是一次对当代资本主义结构、能源逻辑、组织形态的系统性再思考。

它让我们开始思考：

• 为什么能源权力的“去中心化”，会带来政治与经济的深层转变？

• 为什么数字化不是终点，而要与“绿色基础设施”结合？

• 为什么未来的“增长”不只是“更多”，而是“更协调、更可持续”？

这不是“告别工业”，而是进入“智能工业+生态工业”的双重时代。

第三次工业革命，不是一种技术更新，而是一种文明进化。

36 《共享经济》（阿鲁纳·苏恩达拉拉詹）——Uber 和 Airbnb 背后的经济革命是什么？

打车，不再招手；住宿，不用住酒店；工作，也未必进办公室。一种你我习以为常的消费模式，正悄然改变着整个经济的底层结构——这就是“共享经济”。

在《共享经济》一书中，纽约大学教授阿鲁纳·苏恩达拉拉詹对这个新兴现象进行了系统梳理。他不仅揭示了Uber、Airbnb、Upwork等平台背后的经济学原理，还大胆提出：共享经济不是“边角创新”，而是一场前所未有的生产模式变革，正在重塑市场、工作与信任。

◎ 从“拥有”到“使用”：经济逻辑彻底翻篇

传统经济的逻辑是：“你想用一辆车，那你得买一辆；你想住一晚酒店，那你得按标准订房。”

但在共享经济中，问题换了方式：

- 我真的需要“拥有”那辆车吗？还是只要“用一次”就够？
- 空着的房间可以出租，闲置的时间可以换钱，我为何不用自己的“闲资源”参与经济？

苏恩达拉拉詹指出：这是从“集中式资产拥有”转向“分布式使用权流通”的根本转变。

比如，传统出租车行业需要司机拥有牌照、车辆、公司后台，而Uber只需要司机有车、用户有App，两者就能点对点连接。

这对于经济学的意义是什么？资产利用率提高了、进入门槛降低了、市场变得更灵活了。

· 在旧模式里，酒店只有在“满房”时才是高效运营的；

· 但在Airbnb里，即便你只出租一个床位，也可以“切一小块”参与全球经济。

这被称为“按需接入市场”，每个人都可以是“微型生产者”，把自己的时间、空间、物品变成交易的对象。

◎ Uber 如何改变了“劳动市场”的定义？

Uber 让我们第一次意识到：原来工作可以是“随叫随到”的。

苏恩达拉拉詹分析称，Uber 的成功在于它解构了传统雇佣关系——司机不属于 Uber 公司，却在平台规则下提供服务。这种“平台中介型工作”打破了我们对“固定职业”的想象。

经济逻辑分析：

· 传统模式：企业雇佣员工，承担薪酬、保险、管理成本等；

· Uber模式：平台提供“撮合”机制，劳动者以“自由接单”方式参与，用劳动时间换即时报酬。

这种模式看似“自由”，但也引发了诸多讨论：

· 司机是否有保障？

· 算不算“隐性雇佣”？

· 竞争是否导致恶性压价？

苏恩达拉拉詹认为：这是劳动市场“去中心化”的开端，未来更多人将以“独立工作者”的形式参与平台经济，这种变化不可逆，也呼唤新的劳动规则、社会保障与信用系统的建设。

◎ Airbnb为什么能挑战全球酒店业？

酒店业曾是门槛极高的行业——标准化服务、大规模资本、连锁品牌效应。

但Airbnb彻底打破了这个逻辑。

Airbnb 并不“拥有”任何一家酒店，却管理着全球最庞大的“住宿供应链”；它不靠星级、装修、连锁品牌，而靠用户评分、照片展示、实时沟通等方式建立信任。

最关键的是，它让无数拥有“闲置房间”的人，变成“微型酒店老板”。Airbnb 模式下的房源结构比酒店更“长尾”——既有湖边别墅，也有东京胶囊床位。

它打破了“中心—顾客”结构，让供需双方在平台上“自洽匹配”，形成高度多样化的供给体系。

这就是市场扁平化的体现：没有总部，却有全世界的供应商和客户。

◎ 信任机制如何建立？共享经济不是“裸奔经济”

共享经济的本质，是让“陌生人之间”产生信任并完成交易。这是最大的难题，也是技术与机制创新的关键所在。

- 传统信任机制：靠品牌（如星级酒店）、监管（如营业执照）、线下体验等；
- 共享经济信任机制：靠平台算法、信用评分系统、实时评价、“头像+实名认证”等；

比如在Airbnb上，你看的是房东的照片、评论、过往接待记录；而在Uber上，你打车前能看到司机评分、车况、预计路线。

苏恩达拉拉詹提出：信任，从实体迁移到了数据。而这种迁移，正是共享经济可规模化扩张的关键。平台成为“算法信任的制造者”。

- 评价系统好，平台信任度高；
- 平台信任度高，用户愿意使用；
- 用户多，网络效应强，形成正循环。

◎ 企业与政府：谁能主导规则制定？

共享经济挑战了既有规则，法律、租赁法规、税收体系都跟不上。

以 Uber 为例，它在很多城市遭遇抵制：

- 伦敦吊销其牌照；
- 巴黎出租车行业抗议封锁道路；
- 美国一些城市要求其“纳管”与纳税。

苏恩达拉拉詹认为，政府面对共享经济，应当从“监管者”转变为“合作设计者”：

- 一方面保护消费者、规范平台；
- 一方面不要扼杀创新，避免用旧思维绑死新模式。

他预言未来的监管框架将更像“操作系统”——开放式、可升级、依赖数据驱动与平台自律。

◎ 用户角色的多重身份：你不只是消费者

共享经济的最大革新之一，是让每个人都可能有“多重身份”存在于市场中。

- 你是乘客，也可能是司机；
- 你今天是租客，明天就是房东；
- 你消费的同时也在创造收入。

这意味着：边界正在消失，角色正在流动，市场正在变成生态。

苏恩达拉拉詹称之为“混合经济人”（hybrid economic actor）——在平台经济中，我们既是供给者，也是需求方；既是市场参与者，也是平台建设者。

※ 小结：共享经济，是一场对底层经济结构的重塑

《共享经济》这本书讲述的，不只是几家风头正劲的科技企业，而是一场悄然改变世界的协作方式的革命。

它告诉我们：未来的经济，不再是“拥有者”与“消费者”的单向关系，而是无数个体之间的“平行链接”——车不是你的，却能载你前行；房不是酒店，却也能安心入住；你不在办公室，却能完成全球任务。

这是一种新的秩序，也是一种新的信任。

苏恩达拉拉詹用大量案例和系统分析，帮我们看清：这场变革不仅改变了商业规则，更挑战了政府、劳动法、企业管理的旧逻辑。

我们每个人，也正在从“用户”变成“参与者”。

37 《区块链革命》（唐·塔普斯科特、亚历克斯·塔普斯科特）

——技术如何创造“无须信任”的信任？

在我们的日常生活中，“信任”似乎理所当然地存在着。你在网上买东西，相信卖家会发货；你刷卡消费，相信银行记录无误；你投资基金，相信平台不会卷款跑路。

可一旦你细想，这些信任其实都是脆弱的，因为它们不依赖于规则，而依赖于人或机构的“信用”。

那如果这个“人”失信了呢？如果平台作恶了呢？如果数据被篡改了呢？

《区块链革命》这本书正是从这个问题出发，为我们展开一场对“信任机制”的深度重构。塔普斯科特父子提出的核心观点是：

区块链并不只是比特币的底层技术，它本质上是一种去中心化的信任系统，是对传统信用机制的颠覆性替代。

换句话说，这是一场“制度层”的革命，而非“技术层”的小修小补。

◎ 信任的重构：从“我信你”到“我信代码”

传统的信任系统有三类支柱：

- 第一类是亲密关系：家人、朋友；
- 第二类是法律约束：合同、法院等保障；
- 第三类是第三方中介：银行、支付平台公司等“信任中介”。

而区块链要做的，是用一种新的方式来构建第四类支柱：去信任的信任。什么意思？就是说，你不需要“信”，因为一切都是透明、自动、不可篡改的。

塔普斯科特父子用智能合约（smart contract）来说明这个观点。比如你想出租一辆车，可以在区块链上设定一个智能合约：只要对方支付费用，系统就自动发出电子钥匙；如果违约，资金自动退回，无须人工仲裁。整套流程没有“中介人”，但却比中介更可靠。

这就像把“人类的口头承诺”变成了“程序的自动执行”。在经济学上，这意味着交易成本的大幅下降，也就是科斯在《企业的性质》中涉及的“去中介化”经济机制。

◎ 制度的透明：不能作恶，也不能隐瞒

传统系统的另一个问题是信息不对称。

比如你参加公益捐款，钱到底有没有用在受灾群众身上？比如你买了保险，公司最后会不会赖账？在这些场景里，普通人几乎没有“验证机制”，只能选择“信任”，或“放弃信任”。

而区块链的最大特点，就是数据一经写入，永不可被篡改，且可以被公开验证。塔普斯科特提到肯尼亚的一个案例：当地政府用区块链进行土地确权，将每一块土地的历史买卖、当前权属、抵押状态等写在链上。结果是，土地纠纷明显下降，腐败行为也难以发生。

这其实在悄悄解决一个发展经济学的大难题：制度的透明性和执行力。

经济学家赫尔南多·德·索托在《资本的秘密》中提到，发展中国家最大的资源不是金钱，而是无法被合法确认的资产。比如大量农民有土地却无产权登记，导致无法抵押、无法贷款。而区块链提供了一种“公开透明且低成本”的制度替代方案，让“资产变资本”变得可能。

◎ 金融的变革：从银行独大到点对点交易

《区块链革命》中对金融行业的讨论堪称“重锤”。

你有没有想过，为什么你的银行账户需要通过柜台开户，为什么跨境汇款不能实时到账，为什么信用卡要收取你一定比例的手续费?

答案是：因为整个金融系统高度依赖“中心化机构”。

但区块链引入了一种全新的机制：点对点价值转移。你可以用数字钱包直接给世界另一端的陌生人转账，几秒到账，无须银行中转。整个流程不需要信任银行或国家货币系统，只要信任链上的规则。

比特币是最初的示范，但以太坊的智能合约才真正激发了“去银行化”的潜力，例如：

- 可以自动执行保险合同（如：航班延误即赔付）；
- 可以实现去中介的借贷协议（无须平台撮合）；
- 可以创建去信任的信用评分体系（通过链上交易记录积累声誉）。

而区块链更深层的影响在于：国家金融主权被挑战。

塔普斯科特引用了委内瑞拉的案例：当该国货币严重贬值，通货膨胀失控时，比特币等加密货币成了人们“逃离本币”的工具。这是一种“市场替代国家”的微妙现象。

从经济学角度看，这种现象表明：货币不再完全依附于国家，而开始变成全球性竞争品。

◎ 社会的重新组织：DAO与未来协作模式

我们通常认为，一个公司要有效运转，必须要有CEO等管理职位和HR、财务等管理部门。但《区块链革命》提出的另一个惊人概念是：DAO（去中心化自治组织）。它是一种不需要传统层级结构的“协作网络”。

比如，一个链上开发项目，可以通过社区治理机制决定走向，每个参与者持有“治理代币”，投票通过项目方向，自动发放报酬。没有老板，没有人力资源部，甚至没有注册公司。

这种模型已经在现实中运行。例如，MakerDAO 是一个去中心化的稳定币平台，全球开发者和持币者通过投票控制系统参数，比如利率、清算机制等。它背后没有实体公司，却已经成为加密金融的核心支柱之一。

这预示着一种全新的经济组织方式——价值协作网络而非科层结构。

在宏观层面，这意味着制度不再需要“国家或企业”来托底，而是可以靠“代码”来维系信任与合作。

◎ 区块链的局限与挑战：不是什么都能上链

区块链听起来很完美吧？不过，塔普斯科特也没有盲目乐观。《区块链革命》花了不少笔墨讨论技术挑战与伦理困境，比如：

- 区块链扩展性差、速度慢，难以支持大规模实时交易；
- 一旦数据写入，无法更改，可能造成“永久记录的道德问题”；
- 去中心化治理尚未成熟，容易被“少数鲸鱼”操控投票。

此外，加密资产波动剧烈，不适合做支付工具，缺乏稳定的锚定机制。这些问题都说明：区块链并非灵丹妙药，也不是马上就能替代现有体系的“终极工具”。

但它却开启了一种全新的想象空间：一个没有“老大哥”的社会能否运行？信任能否真正“编程”？

※ 小结：信任，正在被“代码化”

《区块链革命》最令人震撼的地方，不在于它讲了多少技术细节，而在于它提出了一个深刻的问题：

如果信任可以去中介、去人治，我们的经济制度还需要保持原来的样子吗？

它不是要你立刻拥抱比特币、炒NFT（非同质化代币），而是要你看清未来“价值协作”的新方向。

我们也许还需要时间来打磨、试错、调整，但不可否认的是：区块链已经不仅是一种技术，而且是一种“制度实验”。

就像互联网刚刚诞生时没人看懂，但它最终重塑了世界，区块链今天也许还不够成熟，但它已经让我们开始重新思考一个最古老的问题：信任，到底是怎么来的？

38 《零边际成本社会》（杰里米·里夫金）
——当东西越来越接近免费，企业怎么办？

说到“免费”，我们总会兴奋。但你有没有想过——如果免费的东西越来越多，甚至变成一种趋势，这对整个经济意味着什么？

杰里米·里夫金在《零边际成本社会》中提出了一个大胆而又深刻的预言：传统的市场资本主义，正在被一种“几乎零成本”的新逻辑所侵蚀，未来的经济将逐渐被“共享”“协作”甚至“接近免费”所主导。这不仅仅是“价格战”那么简单，而是整个经济结构的重新排列。

这本书既是一份关于未来的宣言，也是一套对当下现象的系统解读。如果说《第三次工业革命》奠定了能源与信息融合的基础，那么《零边际成本社会》则描绘了这场融合最终可能引发的经济图景。

◎ 什么是“零边际成本”？

在传统经济学中，边际成本是指生产一单位额外商品或服务所需的新增成本。

比如印一本书，你需要设计、排版、印刷、运输，每一步都有成本。但一旦这本书变成电子书，制作完初始版本后，你发给一百人、一千人，甚至一百万人，所需成本几乎为零。

这就是“零边际成本”的基本逻辑：一旦你突破了最初的“固定成本”，之后的复制与发行几乎不再花钱。这在数字世界尤其明显：音乐、视频、软件、课程、AI服务……越来越多的产品在复制时不需要工厂、仓库和物流。

但里夫金的突破在于他不仅指出数字商品的边际成本接近于零，还进一步观察到：这种逻辑正在“蔓延”到实体世界。

◎ 实体世界，也走向零边际成本？

这听起来有些科幻，但已经发生。我们来看看共享经济中的代表性趋势：

· 3D打印：过去生产一个零件，需要开模、建厂，现在一个数字模型+一台桌面打印机就能搞定。一旦设计文件完成，复制成本接近为零。

· 太阳能：安装光伏板初期成本较高，但发电过程本身几乎免费。与传统能源按次计费不同，太阳能将能源变成了“固定资产”。

· 在线教育：一门课程录制完成，可以无限复制播放。一位教师的知识可以“扩散”给上亿人，几乎没有额外成本。

· 智能制造：自动化工厂中，机器运行不需要人工干预，AI控制优化流程，每多生产一件产品，所需资源极少。

甚至连汽车和住宿行业也在发生变化。Uber和Airbnb等平台把“闲置资源”变成商品，供给不再依赖新投资，而是通过数字连接来放大原有产能。这类“平台型企业”，恰恰是零边际成本逻辑的放大器。

◎ 市场经济面临什么挑战？

“零边际成本”听起来是不是很美好？但这对资本主义市场经济来说其实是一个巨大的挑战。

因为传统企业赖以盈利的基础——“稀缺”——正在被瓦解。里夫金警告说：当商品和服务的价格不断趋近于零时，企业的利润空间也将不断被压缩。

例如：

· 唱片公司曾靠卖CD赚钱，但随着Spotify、Apple Music等平台兴起，用户不再购买音乐，只愿意付极低的订阅费。

· 教育机构曾通过高昂学费维持运转，但开放式在线课程（MOOC）出现后，顶尖大学开始“免费”授课，冲击传统模式。

• 媒体行业被数字传播“挤压”——内容一旦传播，盈利就变得困难。广告收入无法支撑曾经的采编成本，导致“大退潮”。

于是我们看到：许多行业陷入“降价—内卷—竞争加剧”的死循环。在边际成本趋近于零的领域，“谁都能做”，但“谁也赚不到钱”。

◎ 新经济的希望在哪里？

尽管挑战巨大，但《零边际成本社会》并不悲观。里夫金提出了一种全新模式：协作型共享经济。

它不完全依赖市场机制，而是基于共享、开放、互助的新型组织方式。其典型特点包括：

• 去中心化：个体之间直接连接，不再通过传统企业中介。例如P2P（点对点借贷）、去中心化社交。

• 开源协作：代码、设计、数据向公众开放，大家共同改进优化。例如Linux系统、Wikipedia。

• 平台驱动：大型数字平台起到“匹配”和“信任”的作用，如Etsy、Airbnb，但其本身利润率并不高。

• 数字信用体系：评价系统成为交易基础，“信任”可以被数据量化，取代传统担保制度。

这一逻辑，正在打破“你死我活”的商业竞争，转向“共生共赢”的新生态。

他举了一个典型案例：德国的“能源互联网”计划，数百万家庭屋顶上的太阳能板互联成网，不再依赖少数能源巨头，而是构成一个庞大但分散的能量协作网络。这不只是技术的进步，还是制度模式的革新。

◎ 从“利润最大化”到“影响力最大化”

里夫金指出，在零边际成本社会，企业最该问的可能不再是“我能赚多少钱”，而是“我能创造多大影响”。

有些企业开始向“产品即服务”转型：

- IBM不再出售服务器，而是出售“运算能力”；
- 宝马在某些国家推出租赁制，只为客户提供“出行服务”；
- 西门子为医院提供按次计费的医疗设备服务；
- Salesforce提供云服务，让客户按月付费使用软件。

这种“服务化”趋势，是传统制造走出困境的出口，也是零边际成本时代的一种“再创造”。

※ 小结：当“免费”不再是例外，而是趋势

《零边际成本社会》不是一本轻松的畅销书，而是一本启发你重构商业逻辑的“未来地图”。

它带给我们一些全新的思考：

- 为什么“东西越来越便宜”并不一定意味着是好事；
- 为什么数字革命让人自由的同时，也让公司难以盈利；
- 为什么未来的赢家，不是拥有最多资源的人，而是连接最多平台的人；
- 为什么你该重新思考“工作的意义”，尤其是在AI和自动化将取代大部分劳动的今天。

也许，这本书的真正问题不在于“企业怎么办”，而是我们每一个普通人在一个成本趋零、服务泛滥、信息爆炸的世界里，愿意用什么来定义价值。

你会发现，经济学的边界，正在被技术和社会观念一起重新划定。

39 《未来简史》（尤瓦尔·赫拉利）——当AI和大数据接管选择，经济学是否过时？

我们对“经济学”的想象，通常是一个人在做选择：要不要买这个产品？该不该投资这项业务？企业如何定价？政府该如何调控通货膨胀？

但尤瓦尔·赫拉利在《未来简史》中提出一个颠覆性的问题：如果人类的“选择”不再是自己的意志，而是被人工智能和算法预测、引导甚至替代了，这时候，经济学的“理性人”假设、供需模型、博弈论还成立吗？

在这本充满未来视野的书中，赫拉利从人类的认知演化讲起，最终将目光投向人工智能、数据主义、基因编辑、算法统治等议题。他没有直接写“经济学”，但全书处处都在挑战我们对“人类行为逻辑”的认知。而这恰恰是经济学赖以生存的基础。

当人类不再是理性决策者，而是“被决策”的对象时，传统经济学可能就不再适用了。

◎ 人类从“神”走向“数据点”？

《未来简史》的主线，是一条进化轨迹：

神创论→人文主义→数据主义

在人文主义阶段，我们相信每个人都是独立的、自主的、有内在价值的存在。经济学中的“消费者主权”“选择自由”“理性人”假设也都建立在这个基础上：人是理性的、是会评估利益和风险的、是能对世界做出判断的。

但数据主义时代说：人只是一个可以量化的、可预测的信息处理系统。

在这个视角下，消费者购买什么、恋人如何配对、公司怎么招聘，不再依赖“人类主观意志”，而是由大数据和算法模型决定。“你以为是你在选择，其实是你被平台预测并引导去点击。”

赫拉利举了一个很有意思的例子：如果你现在想读一本书，亚马逊的推荐引擎也许比你更清楚你下一本想读什么。它知道你的阅读历史、停留时间、你朋友的购买行为、你所在地区的畅销榜……在这些海量数据的支持下，它做出的“推荐”可能比你自己选的更准确。

那么问题来了：如果选择被算法接管，经济学中关于“偏好”的理论基础是否还存在？

◎ 当算法取代“你”的思考：市场还被需要吗？

我们都知道，经济学的核心假设之一，是供需关系。

但在一个由平台主导、算法撮合、用户只是“点击者”的世界中，供需关系不再是自然博弈的产物，而是程序化控制的结果。

比如，在过去你选择一双鞋，来自品牌、门店、价格的博弈决定你买不买；但现在，你在浏览器中无意间多看了一双跑鞋，第二天社交媒体、购物App，甚至视频网站全是这款鞋的广告。你以为是“自己想买”，其实是被平台“锁定需求”并将其放大了。

赫拉利指出，AI是不眠不休、不带情绪的观察者。它能识别你的微表情、语气变化，甚至你的心率和瞳孔变化，并预测你是否会对某商品动心。它不依赖于你的“理性”，而是绕过它。

这意味着，市场不再是人类行为的结果，而是技术引导的行为反馈场。经济学不再研究“人怎么选择”，而是研究“平台如何通过算法控制人”。

这带来了一个更深层次的问题：如果预测如此精确，价格还有意义吗？

◎ 定价逻辑的重写：你看到的价格，不是“市场价”

在传统经济学中，价格是由供需博弈决定的。

但赫拉利指出，在一个数据为王的世界里，价格可以是“千人千价”。你在电商平台上看到的商品价格，可能跟隔壁朋友看到的完全不同。

为什么？因为系统已经通过你过往的购买记录、搜索习惯、购物时间、设备型号等，判断你对“价格敏感度”的高低，从而给你开出“最容易让你下单”的价格。

这是一种“个性化定价”（personalized pricing），它本质上是一种对“心理价位”的算法捕捉。经济学在这里变成了心理学与行为数据的融合，传统供需模型被边缘化。

更进一步，如果你的所有决策都能被预测，那么企业还需要“市场调研”吗？还需要花费大量精力去定价、测试、竞争吗？或许将来每一个用户在每一个时间点的“购买可能性”都已被精确算出，那“价格”本身就变得多余了，平台只需直接推给你最可能点击的内容即可。

◎ 财富、收入、就业的结构变化

赫拉利在书中提出一个重要观点：数据将成为最重要的生产资料。

在工业社会，谁控制土地和资本，谁就掌握经济权力；而在数据社会，控制信息流的科技巨头，可能才是真正的“新帝国”。

谷歌、Facebook、Amazon、腾讯、字节跳动，这些平台不仅连接了供需，还拥有了对“欲望”的建构权利。他们可以激发消费者的兴趣，重塑企业的运营逻辑，甚至影响政策制定者的判断。

而这一切都建立在一个“非对称”的结构上：

- 用户提供数据，平台掌握算法。
- 用户免费使用服务，平台利用用户的数据获利。

作者警告说，这种结构可能导致社会财富更加集中，贫富差距进一步拉大。因为在“零边际成本”的算法世界里，大量职业（司机、医生、记者、会计）都可能被取代，而新兴岗位极少。

经济学过去关注“就业、通胀、增长”，但未来可能要转向关注“数据治理、平台权力、算法伦理”这些看似关乎技术、实则关乎人的议题。

◎ 人类还能保有选择权吗？

赫拉利坦率地说，数据主义和人工智能并不是“人类意志的工具”，它们有可能是“人类意志的替代品”。

AI可以预测你什么时候生病、你会爱上谁、你会为哪条广告停留、你适合做哪份工作，甚至可以模仿你的语言习惯写文章、作曲、谈恋爱。

- 如果AI比你自己还了解你自己，你是否还有权利“自主决策”？
- 如果算法预测你未来会犯罪，是否有正当理由限制你的自由？
- 如果一切都能预测，你的人生还有多少“自由意志”的空间？

从经济学角度看，这意味着：

- “选择”不再是理性的结果，而是算法的投喂；
- “偏好”不再是稳定的输入，而是平台动态塑造的产物；
- “竞争”不再是公平博弈，而是数据能力的比拼。

那么，经典经济学模型，包括理性选择理论、边际效用、需求弹性、最优化行为，还有多少解释力？

※ 小结：如果经济学过时，什么会取而代之？

《未来简史》不是一本讲经济学的书，但它可能是最深刻地挑战经济学根基的书之一。

当数据成为新的资本，旧的资本主义模式可能被重写；当算法接管决策，我们必须反思“自由市场”的真实含义。

在这个过程中，经济学并不会彻底消失，但它必须转型。它可能不再是“资源配置的科学”，而是“理解算法治理与数据伦理的工具”。

也许未来，我们需要的不再是“会计算边际效用”的经济学家，而是懂技术、会预测、能看穿系统设计的人类学家。

因为，真正的危机不是AI让我们“没工作”，而是AI让我们“忘了怎么自己做选择”。

40 《芯片战争》（克里斯·米勒）——为什么控制芯片就等于拥有霸权？

在这个被算法、智能设备与数据主导的时代，我们每天醒来就离不开芯片。手机、电脑、汽车、智能家电、卫星导航、AI系统……几乎所有现代文明的运转，都依赖于这个小小的硅片。但我们很少意识到：芯片不仅是技术产品，更是全球权力格局的压舱石。

克里斯·米勒在《芯片战争》一书中用犀利的笔触揭示了一个残酷现实：控制芯片生产的国家，正在重塑全球经济与地缘政治的天平。这不是一场简单的技术竞赛，而是一场关于创新、产业链、国家安全与意识形态的全面战争。

这场“芯片之战”，不像枪林弹雨那么血腥，却比任何战争都影响深远。

◎ 芯片是什么？为什么它如此关键？

芯片被一些人誉为“21世纪的石油”，但和石油不同，它不是一种资源，而是一种能力。

芯片，即集成电路，是现代电子设备的“大脑”。无论是智能手机处理器（如苹果A系列）、AI训练芯片（如NVIDIA的GPU），还是军事导航系统，都依赖芯片的运算能力。

克里斯·米勒指出，芯片不是传统意义上的商品，它是整个科技生态系统的基础单元。

而随着科技发展，芯片从20世纪几十个晶体管发展到今天的数十亿个，制造门槛越来越高、设备越来越复杂、供应链越来越集中，这让芯片不仅是商业技术，也是国家战略资产。

◎ 谁控制芯片，谁就掌控了未来的产业链

在《芯片战争》中，米勒将芯片产业比作“全球最精密的产业分工”，它的运作几乎像一个庞大的拼图游戏：

- 设计由美国公司（如Intel、NVIDIA、AMD、Qualcomm）主导；
- 生产设备（如光刻机）主要掌握在荷兰ASML、日本Nikon、美国Applied Materials手中；
- 材料如光掩膜、气体、晶圆片等，则由德日韩垄断；
- 真正的芯片制造工艺最先进者，则是台积电（TSMC）和韩国的三星电子等企业。

这也意味着：单一国家无法独立完成芯片制造。而拥有其中某一个关键环节的国家，就像手握“杀手锏”，能把握他国技术发展的命脉。

这一招比传统贸易战更致命，因为它不是打击市场，而是切断技术生命线。

◎ 军事霸权，也系于芯片之上

你可能觉得芯片只是消费电子的核心，但米勒提醒我们：芯片也是现代军事的“弹药”。

导弹制导系统、无人机、F-35战斗机、核潜艇、太空监测系统，全都依赖高性能计算芯片。而一旦这些关键芯片供应链被中断，军力再强的国家也可能“断链”瘫痪。

在书中，他提到这样一个历史细节：

1991年海湾战争，美军的“精确打击”震惊世界。伊拉克方面意识到，美国导弹的准确度远超预期，原因正是其先进的芯片导航系统。

这让人深思：一颗高精度芯片的战略意义，不亚于一枚洲际导弹。

因此，芯片不只是商业博弈，更是军事科技与国家安全的“软硬件核心”。

◎ 芯片的冷战逻辑，正悄然展开

《芯片战争》最震撼的部分，是它揭示了当前全球技术“冷战”的冰山一角。

- 美国以国家安全为由，推动“芯片法案”（CHIPS Act），投入超过500亿美元在本土建厂；
- 欧洲也出台“欧洲芯片法案”，推动半导体主权；
- 日本、韩国争抢上游材料与制造；
- 三星被迫在美国、日本建厂，以分散风险；
- 而中国则把半导体写入“十四五”规划，持续注资。

这是一场没有硝烟的争霸赛，但影响可能比热战更深远：谁掌握芯片，谁就掌握了未来数字经济、人工智能、军工技术的入门钥匙。

在书中，米勒甚至提出一个惊人的判断：未来的战争，可能不是为石油而战，而是因芯片而战。

◎ 芯片产业的“脆弱性”：集中又复杂

讽刺的是，芯片明明如此关键，却也是全球最脆弱的产业之一。

例如2021年一场台积电（中国）工厂限水危机，让全球芯片供应陷入紧张；同年，德州暴雪也让汽车芯片产能中断，全球车厂纷纷减产。

米勒指出，芯片制造太集中在少数几家公司和地区，例如全球70%以上的高端芯片由台积电（中国）代工，光刻设备则几乎被荷兰ASML垄断，极其容易形成“单点故障”。

这就像建造一座超级大厦，却只靠几根细柱子支撑，一旦任何一根折断，整座大楼就可能坍塌。

因此，未来芯片不仅是科技发展的关键，也是全球供应链重构与政策博弈的中心。

※ 小结：芯片之战，不只是技术战，更是全球权力的再分配

《芯片战争》这本书最大的贡献，在于它让我们看清：芯片不是“IT小玩意”，而是通向未来世界的控制键。它是看似微小、实则无比庞大的全球权力杠杆。

谁掌握芯片，谁就掌握了军事、工业、AI、通信等核心命脉。在这场没有硝烟的战争中，真正的胜负或许不在GDP总量上，而在纳米级的“制程工艺”中。

硅芯片不仅支撑着现代世界的运行，它还决定了世界的权力结构。而我们每个人日常用的手机、刷的视频、开的汽车，其实都已经是这场全球博弈的“战场”。

如果你想理解未来的战争不一定在战场，而在工厂、实验室和政策走廊里，那么《芯片战争》无疑是一本你必须读完的现实启示录。

41 《AI极简经济学》(阿贾伊·阿格拉瓦尔等)——AI可以重塑经济结构吗?

今天的社会，我们常常会谈论起AI，它可以写文案、画画、开车、接客服电话……似乎它无所不能。但问题来了：如果AI这么厉害，它到底“卖”的是什么？它的“商品”，究竟是什么本质？

阿贾伊·阿格拉瓦尔、乔舒亚·甘斯与阿维·戈德法布这三位经济学家给了我们一个出人意料的答案：AI不等于智慧，而等于预测力。

没错，在他们看来，AI不是魔法，也不是未来生命体，而是一种可以被经济学拆解的“预测机器”。AI的价值，并不在于替代人类，而是把过去昂贵、缓慢、模糊的预测，变得迅速、便宜、可复制。一旦你意识到这一点，就会明白：AI的真正威力，不是让我们惊叹它像人类，而是它彻底改变了整个经济运转的方式。

◎ AI不是“人工智能”，而是“预测工厂”

我们常误以为AI是一种智慧的延伸，其实，它最擅长的不是“思考”，而是“预测”。比如：

- 它能预测你下一句可能想说什么，于是你有了ChatGPT;
- 它能预测你可能喜欢哪部剧，于是你沉迷Netflix;
- 它能预测一个用户是否会违约，于是银行就能精准放贷;
- 它能预测一个快递包裹在哪儿，于是物流系统就能实时调度。

每一个“智能”的表象背后，都是一个核心任务：预测未来的可能性，并根据数据给出最优的选择。

换句话说，AI卖的是“明天”。这和经济学中的预测逻辑，不谋而合。

于是，作者们将AI视为一种能够降低预测成本的通用技术，就像蒸汽机降低了体力劳动的成本、电力降低了机械操作的成本一样，AI正在让“思考的某一部分”变得更便宜，尤其是涉及重复性判断的那一部分。

◎ 当预测变得几乎“免费”，会发生什么？

经济学里有一个非常经典的规律：当某项成本大幅下降时，与它相关的产业、岗位、行为模式都会随之改变。

AI让预测变得比以往更快、更准、更便宜，于是连锁反应就发生了：

首先，预测开始“泛滥”。以前预测一个消费者的购买偏好，需要调研团队、抽样分析、回归建模；现在，一个算法就能扫描完你全部的浏览记录，给出比你自己还了解你的推荐。预测变得像水电一样唾手可得，几乎是“免费附带”的。

其次，预测一旦变便宜，相关的“判断”和“执行”就成了稀缺品。因为AI只能说出“可能会怎样”，却无法决定“那我应该怎么办”。判断，依旧是人类的特权。

比如：AI预测某个员工可能辞职，你是立刻解雇他，还是安排一次谈话，尝试挽留？这个决策，需要结合情境理解、伦理价值观、组织文化等做出，这些是AI目前无法给出的。

所以，AI并不会把所有工作都吞掉。它更像是放大镜，让人的判断变得更高效，但也更容易暴露思维漏洞。

◎ 看得见的行业剧变：从医疗到媒体

为了让理论不那么抽象，《AI极简经济学》中举了很多产业变革的真实案例，让人一下就明白：AI不是科幻，而是正在重写现实的经济活动。

比如医疗行业，AI已经可以识别X射线片中的病变，准确率甚至超过一些人类医生。那医生会失业吗？并不会。相反，诊断会变得更精准，而医生的角色将从“判断病情”转向“解释结果、安慰病人、制定方案”。

在银行业，过去信贷审批靠经验判断，如今AI能基于你的电商记录、还款记录和手机使用习惯预测你是否会违约。信贷员的“直觉”不再值钱，但设计贷款产品、与客户沟通的“软能力”反而被看重。

还有广告行业，以前是“创意为王”，如今变成“算法为王”，AI预测哪些文案转化率更高，自动调整标题、图片甚至发布时间。创意没有消失，而是转向更精细、更以数据为导向的形态。

这些变化背后，有一个共同的特征：AI接手了预测，但人类仍在控制方向盘。

◎ AI带来的是“再分配”，不是“消灭岗位”

很多人担心AI会抢走工作，但作者反复强调：AI不是砍掉你工作的一刀，而是改变你工作的方式。

打个比喻：如果AI是一个擅长预测天气的神人，那么你不需要自己天天盯着气象变化，而可以把精力放在：要不要带伞？需不需要调班？能不能调整衣物库存？预测被剥离了，判断变得更重要了。

因此，企业不再需要那么多“预测者”，而是需要更多“解释者”“行动者”“沟通者”“判断者”。

这也解释了为什么，有AI的公司，并没有因此裁掉所有人，反而招聘了更多产品经理、数据工程师、设计师和用户运营人员。这些人，不是比AI更聪明，而是能把AI“预测出来的价值”，真正转化为现实行动。

◎ 人类真正的优势：判断、价值观与创造

- AI可以预测谁可能离职，却无法判断该不该劝退。
- AI可以预测你可能喜欢哪部电影，却无法告诉你哪一部更“有意义”。

• AI可以预测哪个区域犯罪率高，却无法告诉你是否该增加警察，而不是投资教育。

这就是AI的边界。它永远是“预测者”，而不是“决策者”。

判断力，是AI无法替代的核心能力。

更进一步地讲，AI在判断之外还有一个天生短板：它没有价值观。

它不在乎正义、文化、道德，它不懂得“应该”这个词的含义。这意味着，在很多场景下，AI预测出的“最优解”，未必是“最正确”的解。

就像这本书的作者们指出的那样：预测是数据驱动的，但决策是价值驱动的。

※ 小结：AI来了，但真正决定未来的，仍然是人类的思维方式

《AI极简经济学》这本书最大的价值，不是告诉你AI会干掉谁，而是提醒你——经济活动的本质，是一连串“预测→判断→行动”的链条。

AI正在压缩其中的预测成本，但其他环节反而变得更重要。它让我们意识到：

- AI不是全能神，而是“聪明的计算器”；
- 某些职业不是消失了，而是在重新排列组合；
- 有判断力、有价值观、有行动力的人，才是AI时代的稀缺资源；
- 真正会被淘汰的，是那些“自己不判断，也不懂AI”的人。

在这个AI重新定义“聪明”的时代，或许我们该问的不是“AI会抢我饭碗吗？”，而是“我知道自己在哪个环节能比AI做得更好吗？”

这才是《AI极简经济学》真正想告诉我们的经济智慧——理解AI，不是理解机器，而是重新理解自己在经济中的位置。

5

第五部分

财富分配、制度与全球化挑战

——制度与公平，是“发动机”还是“刹车器”？

42 《货币崛起》（尼尔·弗格森）
——从硬币到比特币，货币如何改写人类历史？

在我们今天走进便利店，掏出几张纸币买杯咖啡的时候，很少有人会停下来想想：这张印着“100”的钞票，究竟是谁赋予它力量？为什么人们愿意用这张纸换一杯真正能喝的热饮？又是谁决定了它的购买力、它的地位、它能否畅行全球？

这，正是历史学家尼尔·弗格森在《货币崛起》中试图回答的问题。

这本书不是一本“央行制度简史”，也不是枯燥的金融论文，而是一部关于金钱、战争、帝国、银行家、骗局、繁荣与崩溃的全球故事。它让我们明白：金融不仅仅是华尔街的游戏，它塑造了历史，推动了文明，更决定了你我生活的方方面面。

◎ 货币：文明的隐形引擎

如果你回顾整个人类历史，会发现一个令人惊讶的现象：每一次大国崛起的背后，几乎都伴随着金融工具的突破或制度的创新。

古代苏美尔人发明了契约债务，推动了城市贸易；中世纪的意大利银行业让文艺复兴从艺术走向资本；而荷兰、英国、美国的崛起，无一不是建立在金融制度的不断创新和全球信用体系的确立上。

弗格森用一句话总结：金融系统是现代文明的“操作系统”。你或许看不到它，但它一直在那里运行，影响着战争、经济增长、贫富分化乃至全球霸权的转移。

◎ 美元崛起：并非理所当然

书名叫《货币崛起》，但弗格森其实写的不只是美元，而是从全球金融历史中抽丝剥茧，看美元如何走到今天的“霸主”地位。

我们常以为美元成为全球货币，是因为美国是世界第一大经济体。但弗格森提醒我们：美元的霸权，是二战后“美元—黄金本位制”（布雷顿森林体系）的结果。这一体系让美元绑定黄金，其他国家货币再绑定美元，美国等于拥有了“印钞统治权”。

但这套体系并不牢固。1971年，尼克松总统宣布美元与黄金脱钩，布雷顿森林体系崩溃，美元开始“自由浮动”。可问题来了，看似失去了黄金支撑的美元，为什么没有立刻崩盘？

因为，美国不仅仅是个强大的国家，它还有最深的金融市场、最强的军力、最可信的法治体系，以及一个习惯于消费的全球市场。美元的力量，在于它背后那张无形的信用网。

◎ 信用：货币的真正灵魂

弗格森一再强调：货币的核心是信用，而不是金属。

我们以为古代使用的“黄金白银”才值钱，但其实，那些金属的价值从来不是天然的，而是因为大家“相信”它们值钱。到了现代，纸币乃至电子货币，都只是“信用的符号”。

他用法国大革命时期的“亚萨尼亚纸币”作为案例：这个看似先进的纸币系统，最终因为政府滥发导致严重通货膨胀，让法国民众血本无归。它提醒我们：当信用崩塌时，哪怕你手握再多纸币，也不过是一堆废纸。

而在2008年的金融危机中，美国花旗银行、雷曼兄弟等金融巨头的倒塌，并不是因为资产突然消失，而是因为市场不再相信它们的“偿付能力”。一旦信用链断裂，金融系统就像骨牌一样轰然倒塌。

◎ 金融危机：历史的常态

弗格森反对那种“金融=风险”的负面观念。他指出，金融体系的本质就是在风险和收益之间不断博弈，它提供的是“选择的可能性”。

但与此同时，他也不否认金融危机是不可避免的——甚至说，它是“系统性的自我修复方式”。

比如，他详细分析了1997年亚洲金融危机的起因和后果，也剖析了2008年金融危机中“影子银行”的作用。他特别强调了“金融创新”在危机中的两面性。

例如，CDO（债务抵押债券）本来是为了将不同信用等级的贷款“打包”出售，从而分散单一违约带来的风险。但现实中，银行和金融机构为了追求高收益，将大量高风险的次级房贷也混入其中，并通过评级机构包装成“高评级”产品，向全球投资者出售。

结果，在2008年金融危机期间，美国房市下跌，大量借款人违约，CDO迅速崩盘，风险不是被分散，而是被“浓缩放大”并迅速传导至全球，像病毒一样引发了全球金融系统的连锁危机。

这些残酷的案例提醒我们：在金融系统中，创新和贪婪往往只有一线之隔。

◎ 金钱的“好与坏”：不只是道德判断

《货币崛起》最令人深思的地方，是弗格森对金钱“善与恶”的反思。他反对那种“金钱腐化人心”的简单看法，强调金钱本身是中性的，它只是放大了人性、制度和社会结构中的“真实”。

他提出一个深刻的问题：为什么在一个富裕社会中，还存在这么多贫穷？

答案之一是：“金融排斥”——在很多发展中国家，穷人没有银行账户，得不到贷款，也无法储蓄。这就像把他们永远挡在了“现代经济系统”之外。

而推动“金融普惠”，才是未来真正的社会改革方向。

这本书的最后，弗格森谈到了加密货币。他既不盲目追捧，也不一味否定。他指出：比特币等加密资产的崛起，是对“中央化信用体系”的挑战。

它们试图用代码、算法和区块链技术，构建一个“无须信任”的金融网络。

这是否会彻底取代传统金融？他并不确定。但他提醒我们：就像曾经没人相信纸币能取代黄金，现在的“不可能”，往往只是未来的起点。

※ 小结：金融，是文明进化的加速器

尼尔·弗格森用历史学家的笔法，把本该枯燥的金融，写成了热血沸腾的文明故事。他让我们理解：

- 金融不仅推动战争和革命，也孕育科技与艺术；
- 金钱不仅代表利益，也传递信任与制度；
- 危机不是崩溃，而是系统“重新洗牌”的契机；
- 货币的力量，并非来自它的材质，而是来自人们对它背后的“制度信仰”。

你不需要成为银行家，也不需要研究利率曲线，但如果你想真正理解这个世界的运转。

《货币崛起》就是一本从根本上改变你思维方式的书。

43 《援助的死亡》（丹比萨·莫约）
——为什么“好心”的援助有时会带来坏结果？

当“好心”变成“坏事”，你会如何重新定义“帮助”？

在谈非洲经济时，你可能很容易陷入一个熟悉的图景：国际援助源源不断，西方政府、联合国、世界银行和各种慈善基金会慷慨解囊，希望拉非洲一把。但你有没有想过——在几十年数千亿美元的援助之后，为什么很多非洲国家依然贫困、腐败、落后，甚至动荡不安？

赞比亚经济学家丹比萨·莫约在《援助的死亡》中提出了一个惊世骇俗的观点：不是援助不够，而是援助本身就是问题。她认为，持续的大量援助不但没有让非洲站起来，反而让这个大陆陷入了依赖、腐败和制度性崩坏的死循环。

这本书就像是一记重锤，敲在我们习以为常的“政治正确”之上：援助，真的救得了穷人吗？

◎ 援助为什么变成了“毒品”？

莫约开门见山地提出了她的核心论点：持续的援助就像“毒品”，让非洲政府上瘾，丧失了自我造血和改革的动力。

这不是一个比喻，她列出了一连串真实案例：

在赞比亚，20世纪80年代，政府每年接受数十亿美元的援助，却几乎没有用于投资基础设施或发展工业，反而大量花在了行政开销、军费甚至奢侈消费上。结果是国民经济持续下滑，债务堆积如山。

在刚果（金），援助资金被贪污洗钱者“高效”地转入了国外银行账户，导致国内基础设施建设几近停滞，民众依旧在泥水里走路。

为什么会这样？因为援助来源于西方政府，而非选民。当非洲领导人手里有了不依赖本国纳税人的“天降资金”，他们就不再对人民负责。相反，他们只需取悦西方捐助方，就能获得新一轮资助。

这就是援助的“毒性”：它削弱了民主机制，扭曲了问责逻辑，让权力和责任失去平衡。

◎ 援助破坏了市场机制

除了削弱政府责任，莫约还指出，援助破坏了一个国家最宝贵的经济资产——市场的活力。

她举了一个令人痛心的例子：某西方国家为帮助非洲农民，每年免费赠送大量粮食。听起来很温暖吧？但结果是，当地的农民根本卖不出自己的粮食，只能被迫放弃耕种。

更糟的是，这样的“好事”一旦持续多年，就会让当地农业体系彻底崩盘。最后变成恶性循环：没有种地的人 → 没有产出 → 更依赖援助。

还有一类问题叫“项目病”：一些国际组织兴致勃勃地在非洲农村铺设水泵、建造医疗站，但项目一完成就拍屁股走人。没有培训当地人维护设备，也没有设立可持续资金支持，几年后这些“爱心设施”就沦为废墟。

援助初衷再好，也抵不过机制失灵带来的“后遗症”。

◎ 援助导致了制度性腐败

莫约指出，援助流入最多的国家，往往也是治理最差的国家。为什么？

- 因为援助提供了一个“灰色地带”，让腐败得以暗中生长；
- 在一些国家，政府靠“假项目”报账，把援助款洗成个人财产；
- 官员通过设立“中间机构”转包项目，从中吃回扣；
- 援助款项被用于购买武器或进行政治打压，而非民生改善。

莫约引用世界银行的一项研究称：在某些非洲国家，每获得1美元的援助，可能就有30～50美分被挪用。

更令人震惊的是，这些行为居然在西方政客和国际组织“心知肚明”的沉默中反复上演。因为对于援助国来说，援助也有政治意义：可以换取外交筹码、争取联合国投票、为本国企业争夺基础设施合同……

当“好心人”也有利益算计，援助的纯粹性早已被稀释。

◎ 穷国的崛起，不靠“救济”

当然，莫约不只是批评，她在书中还提出了替代方案：

发展债券市场与外资投资

她认为，非洲国家应当主动走向国际市场，发行债券、吸引商业投资。这样一方面增强财政约束，另一方面必须向投资者交出“成绩单”，从而形成问责压力。

例如：加纳、卢旺达、尼日利亚等国家，近年来逐步减少对援助的依赖，开始吸引海外资本进入农业、通信、矿产等领域，逐步建立起自我“造血”机制。

促进贸易，而非输血

莫约强调：给人一条鱼，不如教人钓鱼，但真正有效的是，给他市场去卖鱼。

贸易才是解决贫穷最根本的手段。非洲商品出口长期受欧美贸易壁垒限制，例如高额关税、技术壁垒、出口配额等，这些反而限制了它们真正的崛起路径。

激活本土金融系统

很多非洲国家的中小企业因融资困难而发展受限。莫约建议国际社会与其直接送钱，不如建立微型信贷体系，赋能普通人创业，加大教育和医疗等领域的基础投资。

她举例肯尼亚的M-Pesa项目——一个移动支付平台，让无银行账户的人也能进行金融活动，极大提高了经济效率。

◎ 援助"转型"而非"终结"

莫约并不主张一刀切地废除所有援助。她认可的是：

- 人道主义的紧急援助：地震、瘟疫、战争等情况需要及时支援。
- 技术援助和能力建设：帮助国家制定更好的政策、建设制度。
- 教育与卫生投入：对人力资本的长期投入仍然关键。

但她强调：这些必须是"可退出的援助"，而非"永久输血型依赖"。

更重要的是，所有援助项目应当：

- 有明确的时间表和评估机制；
- 与当地政府和社区深度合作；
- 具备激励性，而非代替责任。

只有这样，援助才能成为"成长的杠杆"，而不是"依赖的枷锁"。

※ 小结：真正的帮助，是让人不再需要帮助

《援助的死亡》不是一篇政治宣言，而是一个非洲经济学家发自肺腑的反思。它挑战了我们对"好人好事"的刻板印象，指出：不加反思的善意，可能比冷漠更具破坏力。

它提醒我们：援助不能替代治理，金钱不能替代制度，同情不能替代理性。

如莫约所说：援助不是解决贫穷的钥匙，发展才是。

在这个日益互联的世界里，也许我们最需要的，不是更多的"捐款箱"，而是建立一种真正尊重、合作、赋能的全球发展观。

44《自由选择》(米尔顿·弗里德曼、罗丝·弗里德曼)

——市场才是资源配置最聪明的机制?

在经济学的浩瀚星河中，有一颗恒星始终闪耀，那就是米尔顿·弗里德曼。作为20世纪最具影响力的自由市场经济学家之一，他不仅在理论上激起千层浪，更在现实政策中留下深深足迹。

无论是里根政府的经济改革，还是撒切尔夫人的“去国有化”路线，都受到了他思想的深刻影响。而他与妻子罗丝合著的这本《自由选择》，正是他向大众发出的“自由经济宣言”。

这本书不是高深学术论文的堆砌，而是一封写给普通人的信，它用朴素而犀利的语言解释了一个宏大的信念：自由市场机制，不仅更有效率，而且更符合人性。

◎ “自由”才是最好的资源配置工具

在弗里德曼眼中，市场之所以伟大，不是因为它无所不能，而是因为它“无须指挥”。他用无数真实世界的例子告诉我们：只要价格机制被允许自由发挥，资源就会像被“看不见的手”引导一样，自动流向最需要它的地方。

比如在物资短缺的战争年代，政府常常采用配给制——由上而下决定每个人能买多少糖、多少油。而市场经济呢？它通过价格上涨让人们主动减少需求，同时吸引更多供应者进入这个市场，从而实现资源再分配，无须中央调度，也不用五年计划。

这正是自由选择的魅力：它不强迫你改变什么，但它让每一个人的选择

“总和”，构建出整个经济系统的运行逻辑。

◎ 自由不仅是经济问题，更是道德问题

在《自由选择》中，弗里德曼不断强调：自由市场不仅更高效，而且更道德。

他说，自由市场是一种“自愿参与”的体系，你可以选择买或不买、雇佣或不雇佣、投资或退出。它尊重个体差异，也容忍错误与失败。而计划经济则是“一刀切”，你必须按照政策、口号、指令来生活，这种生活或许“平均”，但不“自由”。

他甚至提出一个犀利的问题：如果你相信民主，为什么不能相信市场？市场难道不比选票更直接地表达每个人的意愿？

而在道德上，自由市场更少依赖“权力”与“强制”，更多依赖个人责任与选择结果。政府用税收“再分配”，其实是强者对弱者的“施舍”；而市场上的公平交换，是每个人用自身能力交换成果。

◎ 最理想的政府是“有限政府”

当然，弗里德曼并不否认政府的作用。他支持政府提供基础设施、保护产权、保障法治，但他坚决反对“全能型政府”。因为他看到太多国家，走着走着就变成了有福利陷阱、税负沉重、创新乏力的“高成本国家”。

因此，他提出“负所得税”方案——通过税收系统补贴低收入者，而不是一大堆复杂的福利制度。这种方式不仅简便有效，还保留了劳动激励，是自由主义与社会关怀之间的平衡方案。

※ 小结：自由不是乌托邦，而是对人性的深刻理解

在《自由选择》这本书中，弗里德曼不仅重申了市场的逻辑，更表达了一种深切的信念——人的选择权，是不能被剥夺的。

他不是天真的理想主义者，而是深知制度如何腐蚀效率、权力如何侵蚀责任的现实主义者。他告诉我们：当我们谈论“自由市场”时，不是要否定政府的作用，而是要警惕权力的滥用。

这本书在今天依然有现实意义。无论是面对通胀、贫富差距等问题，还是争论“大政府”与“小政府”，我们都能从中看到清晰的思想坐标。就像书名所说：你拥有自由选择的权利，但你也要为选择承担后果。

而真正成熟的社会，就是让这种“自由+责任”的组合，成为规则的起点。

45《不平等的代价》（约瑟夫·斯蒂格利茨）——收入差距正在伤害整个社会吗？

如果有人告诉你，贫富差距不仅仅是穷人的问题，还是对整个社会健康的威胁，你会怎么想？在人均GDP不断攀升、财富指数刷爆排行榜的时代，居然有人敢说“收入差距才是最大隐患”？约瑟夫·斯蒂格利茨，就是那个敢说真话的经济学家。

诺贝尔奖得主斯蒂格利茨在《不平等的代价》中指出，贫富差距已经成为当代西方乃至全球民主社会的最大隐忧。它不仅会扭曲经济，还会从根本上削弱社会的凝聚力、公信力与政治体系。理解这本书，就像是在拆解社会结构的底盘——不公平，可能就是社会渐行渐远的隐形推手。

◎ 不平等：从经济症状演变成社会疾病

斯蒂格利茨一开始就直言：我们早已不是“财富不足”的问题，而是“财富分配失衡”的问题。

他举出了美国漫长十几年的真实情况：

- 富豪的财富占比节节攀升，但中产和低收入群体收入增长几乎停滞；
- 教育、医疗、住房、生存成本却一路上涨；
- 国家经济增长率看似稳定，但幸福感和社会流动性却在下滑。

这背后不是经济停滞，而是财富累积机制被“锁定”在高收入群体与大企业手中。当顶层富豪通过资本运作、税收政策、政治影响力等方式继续积累财富，而底层则被成本压得喘不过气，整个经济就在无声中失去了平衡。

斯蒂格利茨的观点掷地有声：当财富集中过度，民主就会倒退；当资本掌握了政治议程，公共利益往往被私利侵蚀。

◎ 教育鸿沟：起跑线上的不公平

教育是现代社会最常被提及的“机会平等”的象征。但在斯蒂格利茨看来，教育鸿沟其实是“阶层继承”的开始。

以美国为例，学区化教育制度让贫困地区的学校无法吸引优秀教师，设施不足，课程缺乏。而富裕地区的家庭为了让孩子享受更优质的教育，拼命买房、买学区，或者花费数万美元送孩子去培训。

这种差距已经不是一代人的问题，而是世代锁定式的阶层壁垒。孩子一出生，就是在系统“设定”的阶梯中站队，成为有能力维持阶层的人，或被排除在外。

斯蒂格利茨说：“教育不平等，不仅使人贫穷，更让人失去了希望与尊严。”

而缺乏希望的群体，正是不稳定社会的温床。

◎ 健康不平等：收入决定寿命

如果说教育不平等决定了你“起点的高度”，那医疗不平等则直接决定了你“能活多久”。

斯蒂格利茨毫不避讳地指出：美国的医疗体系早已变成一面照妖镜，清晰映出贫富之间的生死鸿沟。

富人可以轻松支付几十万美元的癌症靶向药费用，享受最先进的私人医院和个性化健康管理；而另一边，穷人连急诊室的账单都付不起，只能在病情恶化后才被迫求医，甚至因为没钱看病而被慢性病拖向死亡线。

数据显示，美国收入最高的群体比最低收入者平均多活 5到10年，而在部分地区，贫民区和富人区居民之间的寿命差距甚至可以达到 15年。

更令人触目惊心的，是产妇和婴儿的死亡率。在贫困家庭中，这两个数字都显著高于全国平均水平，仿佛在“出生的第一秒”，命运就已经分出了胜负。

斯蒂格利茨直言，这不是医疗水平的问题，而是制度性的不公，一个“按财富分配生命”的体系导致的。

这是一种悄无声息的暴力，它不制造血腥，却一点点夺走那些最弱势者活下去的权利。而这种“穷人因穷而早死”的循环，不仅是个人的不幸，更是社会结构性失败的明证。

◎ 政治腐败：资本换取制度影响力

在斯蒂格利茨眼中，不平等的最隐秘却最危险的后果，是它渗透进了民主制度的血管里。

他尖锐地指出：财富越集中，权力就越容易“被打包出售”。比如，富人用政治献金换来议员的“耳朵”；监管高官退休后跳槽去华尔街，成了自己曾监管过的公司高管。这就是典型的“旋转门”现象。

更离谱的是，一些政策名为“促进经济”，实则是为大企业量身定制的保护伞——减税、放松监管、阻碍新进入者……结果，跨国巨头坐收红利，小微企业和普通劳动者却背上更重的包袱。

立法呢？在表面上你我都有选票，但在实际操作中，是一群专业游说团体在替大财团“定制法律”。

斯蒂格利茨一语中的：不是我们没有民主，而是我们的民主，正在被资本重写。

◎ 经济危机：不平等也能引发大崩盘

在斯蒂格利茨眼中，不平等不仅是社会问题，更是一颗埋在经济系统中的“定时炸弹”。

以2008年金融危机为例，很多人把原因归结为贪婪的华尔街、失控的次贷市场，或者监管的缺失。但斯蒂格利茨提醒我们：这些表象的背后，其实隐藏着一个更深层次的推手——收入不平等所引发的信用扭曲。

在贫富差距日益扩大的年代，中产阶级和低收入者的工资增长远远赶不上生活成本。为了维持体面的消费和“美国梦”的外壳，他们不得不靠借贷生活，从房贷、车贷到信用卡，层层加码。

与此同时，掌握了大部分社会财富的富人，却没有足够的消费空间。他们把钱投入金融市场，寻求更高收益，于是各种高杠杆、复杂的衍生品和投资工具层出不穷，泡沫也就悄然膨胀。

这就形成了一个危险的闭环：穷人靠借钱维持消费；富人把钱投进越来越虚幻的金融产品；市场看似繁荣，实则“根基已空”。

当危机来临，最先承受冲击的，永远是底层人群：他们失业、房子被收走、破产、陷入长期贫困；而金融巨头却因为“系统重要性”被政府出手救助，甚至还有人从中逆势套利。

斯蒂格利茨的结论令人警醒：不平等不是温水煮青蛙，而是能引发系统性崩溃的裂缝。当一个社会的大多数人被排除在可持续消费和财富积累之外，整个经济结构本身就失去了稳定性。

◎ 如何修复社会？斯蒂格利茨的三大主张

书中最让人感到希望的，是斯蒂格利茨并不只会抱怨，而是会提出可行方案。

① 进行合理的累进税改革

他主张提高顶层收入税率、对资本收益采取更高税收，并设立“后财富税”。这些资金应用于教育、医疗和基础设施，重新回到公共服务体系中。

② 强化反垄断监管

垄断企业通过定价权和市场壁垒攫取超额利润，同时还能阻止新企业进入。他建议监管机构回归职能，避免大企业破坏市场规则。

③ 改革政治资金机制

限制政治献金、设立公共资助机制、使立法过程公开透明，让富人不能通过钱左右议会。每一个公民都能在制度中有公平参与权。

斯蒂格利茨还强调：制度改革不是一场“自上而下”的革命，而是一种“细水长流”的修复行为。

※ 小结：不平等的代价，是我们共同承担的未来

《不平等的代价》是一剂良药，它告诉我们：

- 贫富差距不是贫困的问题，而是制度的问题。
- 不平等侵蚀了教育、医疗、政治信任与经济稳定。
- 它让生活变得不再公平，还削弱了改革的可能性。
- 但这不是命中注定，而是我们可以修复的创伤。

斯蒂格利茨让人明白，一个社会的“健康”，不仅要看GDP增长，更要看机会是否均衡、公民是否有参与权、公正是否被法制捍卫。

如果你也关注社会的未来，那么贫富差距的问题，远不只是“穷人该怎么办”的问题，而是“我们所有人该如何塑造一个健康社会”的议题。

46 《全球不平等逸史》（布兰科·米拉诺维奇）——全球收入分化是不平等现象，还是自然现象？

当我们谈论“贫富分化”，是否还停留在“本国大佬越富，普通人越穷”的老逻辑里？布兰科·米拉诺维奇在《全球不平等逸史》这本引爆社会话题的著作中，拉高视角，把全球财富分布投射在整个世界的浩瀚舞台上，提出了一个深刻的问题：我们面对的，是内部不平等的加剧，还是全球社会正在重塑的财富格局？

这本书给了我们一个全新视角：不仅关注单个国家的贫富差距，还要把全球的“赢家”和“输家”纳入分析。不仅如此，它还挑战了我们对“自然”“必然”“历史趋势”的看法，让我们重新思考“分化”的含义、路径与后果。

◎ 为什么说“收入全球化”导致全局重构？

米拉诺维奇用数据告诉我们，从20世纪80年代以来，世界范围内出现了两条截然不同的收入变化轨迹：

在发达国家内部，中低收入者的收入长期停滞，最富有的少数人迅速积累。经济结构变化、全球化分工、技能出现偏差、技术提升……这些都让中产阶级成为最大受伤群体。

但在全球范围内，一些曾经贫穷的发展中国家的中产阶级收入增速超过了富裕国家！中国、印度、东欧、中南美等新兴中产阶级成为全球“中间阶层”的崛起力量。

这意味着：发达国家的“中产阶级”收入停滞，发展中国家的中产阶级却正在赶上。全球收入曲线开始呈双峰状：一侧是位于顶端的全球富豪群体，另一侧是处于中间上涨通道的大规模新中产，底层则是长期陷入贫困的群体。

米拉诺维奇用一句话总结：全球中产和富豪双双增加，换来了国际内部的分化。

◎ “象状曲线”揭示的世界：谁是赢家，谁在输？

书中最具视觉冲击的，是他绘制的“全球收入分布曲线”：它像一只卧倒的大象。

· 最左一端：最贫穷的世界人口，小农户、田边工人、无政府或冲突地区的居民。他们长期挣扎于每天几美元收入的生活，生活仍处于贫困线以下。

· 中间地带：上升最快的是来自发展中国家的中产阶级——他们的收入在几十年里翻倍，甚至翻了三倍。这部分人群伴随经济腾飞而崛起，成为“全球中产”。

· 最右一侧：全球富豪，尤其是金融资产高度集中的跨国资本家和科技巨头。他们的收入持续飙升，成为另一大赢家。

米拉诺维奇指出：这种巨大的再分配正在进行，跨度从暴富精英到全球中产，但很多国家的中产阶级其实处于“夹缝里”，发展受阻且不被统计在“全球受益者”中。

让我们更细致地回望这条曲线背后的推动力：

① 全球化：把廉价劳动力带到国际市场

全球分工使低收入国家成为制造基地，以中国为例，过去四十年中，中低阶层收入增长惊人。但与此同时，发达国家的低技能工人失去传统制造业支持，收入陷入停滞。

② 技术进步：AI和自动化加速财富向高技能劳动力集中

技术为一部分劳动者带来高额回报，却让另一部分人失业或收入低迷。

米拉诺维奇指出："技术是一次财富革命，但也需社会配套，否则就会制造结构性失业。"

③ 资本回报率高于经济增长率

劳动者获取工资，资本通过股息、利息、股权收益"滚雪球"。特别是在财富高度集中后，富人越来越富的自增强机制将全球收入曲线继续拉长右尾。

◎ 财富再分配缓冲在哪里？为什么危机没结束？

有人说，"经济危机会缩小贫富差距，因为中产和富人一起受伤"。但米拉诺维奇用冷冰冰的数据和锐利的观察告诉我们：这是一场"假平等"的灾难。

例如，在2008年经济危机之后，富人的资产确实一度出现缩水，尤其是股市大跌带来短期损失。但别忘了，他们有的是资本，一旦市场恢复，他们能迅速反弹，甚至趁低价抄底再赚一波。

而中产和低收入人群呢？他们靠工资生活，靠贷款买房，靠储蓄支撑教育、医疗。一旦裁员来袭、房贷断供、资产贬值，他们便陷入双重甚至三重打击：工资没了，债务还在，未来也变得更加不确定。

更深层的问题在于：原本能缓冲这类冲击的"再分配机制"，正在全球范围内被削弱。

更有深度的是，他讨论了再分配机制的削弱：福利政策紧缩、税率下降、最低工资政策不完善，都让收入从下向上倾斜的趋势加强。分化，不是自然现象，而是制度偏离的结构性结果。

◎ 政治影响下的"全球分化"现实

《全球不平等逸史》一书清晰地指出，这种全球级的收入分化会产生极端的政治与社会反弹：

- 在发达国家，收入停滞的中产阶层感到被全球化，易于形成极右或民粹主义情绪，要求“修补解决本国的问题”；

· 在发展中国家的上升中产阶级中，他们面临教育、城市基础设施、环保等“新中产病症”，并可能形成新一波民主改革诉求；

· 在全球范围，财富分化将造成新的“世界二元结构”：极富者具有超国家级的政治、经济影响力，而极穷者则被科技革命所遗忘。

米拉诺维奇警告：全球化不是一个柔和的线性进程，而是一场会引发政治抗衡的巨大结构变动。

◎ 转向包容性全球化：否则谁来拯救分化？

本书并没有悲观的末日感，而是指出了转向“包容性全球化”的三个可能路径：

· 提升再教育与技能补偿机制：发达国家需要大力投资劳动力转换与技能培训，让技术红利更多惠及中低层；

· 建立全球协商机制：他提出不是要取消全球化，而是要完善结构性规则分配机制，让进步不仅惠及强国，也惠及全球弱势国家；

· 加强国际财政合作与税制联盟：对跨国企业与富豪进行合规征税，让财富能在全球范围内再分配。

米拉诺维奇说：全球化可能带来更高的总体蛋糕，但如果分蛋糕方式不变，最终收获的将是一锅碎裂。

※ 小结：分化，是经济的新常态还是失控的警告？

《全球不平等逸史》为我们提供了更宏观、更动态、更结构化的视角：全球并不是静默拉平的财富曲线，而是两极分化中的深层再分布。

贫富分化不仅是某个国家的内部问题，更是全球结构性调整的一部分；分化不是“使自身失控”，而是政策、技术与社会互动下的结果；如果不调节政策、再设计制度，全球“赢家”与“输家”之间的鸿沟只会越来越大。

米拉诺维奇让我们明白：全球经济的故事，不是你赚得更多，别人赚得更少。而是一场关于制度、公正、合作与分配的角力。在角力下最终走向繁荣，可不仅仅看GDP，而是看“蛋糕被切得是否公平”。

47 《全球化及其不满》（约瑟夫·斯蒂格利茨）
——全球化，是“通往繁荣”还是“制度霸权”？

当你打开一部手机，它可能在越南组装，用的是韩国的屏幕、美国的芯片、日本的电池，而设计出自美国硅谷；你下单一件衣服，它可能横跨半个地球，从孟加拉国的工厂飞到你的快递箱。我们正身处一个影响无所不在的全球化时代。

经济全球化曾被许多人视为通往繁荣的快车道，但诺贝尔经济学奖得主约瑟夫·斯蒂格利茨却发出了一个令人警醒的声音：全球化的规则，并不是为所有人设计的。

在《全球化及其不满》一书中，他向我们揭示了当代全球化背后复杂的制度设计、经济利益与不平等扩大的深层联系。他并不否定全球化的潜力，而是批评其当前运行方式的不公——尤其是在由国际机构主导的全球治理架构中，谁掌握权力，谁决定游戏规则，谁最终受益，早已被严重扭曲。

◎ 全球化的“原教旨主义”：为什么只盯着市场？

斯蒂格利茨直指全球化推手之一——“市场原教旨主义者”的天真。他们坚信市场无所不能，越自由越有效。于是，从20世纪80年代开始，以国际货币基金组织、世界银行、世界贸易组织为代表的国际机构开始大力推动贸易自由化、资本自由流动、国有企业私有化等一系列“结构调整方案”。

但斯蒂格利茨亲身经历并揭示：这些政策往往被“一刀切”地强加在发展中国家身上，而忽视了这些国家实际的制度基础、经济结构和社会承受力。

比如：玻利维亚被迫私有化水资源，结果导致水价飞涨，甚至引发暴乱；阿根廷在2001年听从国际货币基金组织削减财政支出的建议，最终却陷入严重衰退和主权债务违约的困境。

这背后的逻辑，不是为了发展这些国家，而是为了让它们更快地融入全球资本体系，但却忽略了“制度强者”和“制度弱者”之间起跑线的巨大差异。

◎ 谁在写规则，谁能掌控未来？

如果全球化是一场竞赛，那么斯蒂格利茨认为，这场比赛从一开始就不公平。因为比赛规则是由少数富裕国家制定的，而不是全球共商的。

以世界贸易组织为例，它鼓励发展中国家开放市场、取消补贴、放宽进口限制，但发达国家自己却继续高额补贴本国农业，保护本国企业。比如欧洲的农业补贴和美国对玉米、棉花产业的保护，使得非洲国家在国际市场上根本无法与之竞争。

再比如，跨国公司在全球南方开矿、建厂、采伐森林，利用的是便宜的资源和廉价的劳动力，却将利润带回总部所在国家。这种“利润全球化、责任本地化”的结构，使发展中国家沦为原料和污染的“出口地”。

斯蒂格利茨强调：“全球化本不该是‘权力游戏’，但如今它已沦为制度霸权的工具。”

◎ IMF与“结构性调整”的代价

斯蒂格利茨对国际货币基金组织（IMF）的批评尤为尖锐。他曾在世界银行担任首席经济学家，亲眼见证了IMF如何强势介入发展中国家的财政与货币政策。

IMF的“结构性调整”项目要求借贷国家大幅削减公共开支、放松监管、进行市场自由化改革，以换取贷款支持。但结果往往适得其反：

- 在非洲，许多国家因削减教育与医疗预算而陷入社会动荡，民众生活反而恶化；

· 在泰国、印度尼西亚等亚洲国家，1997年金融危机中因过早开放资本账户，热钱涌入又迅速撤离，造成严重货币贬值与银行倒闭；

· 在拉美，墨西哥、阿根廷一度被当作全球化“模范生”，却因为债务和政策操控双重压力而陷入经济崩溃。

斯蒂格利茨总结：IMF的改革方案像是给病人开的药方，可之前病人却从没做过体检。

◎ 资本流动的“双刃剑”：富人的武器，穷人的风险

理论上，资本自由流动可以带来投资、就业和技术转移；但斯蒂格利茨指出，现实中它更像是一把双刃剑。

短期资本（即“热钱”）在没有监管的情况下可以自由进出，但往往追逐高回报、迅速进场又迅速撤离，留下的是汇率剧烈波动、银行体系崩溃和财政混乱。而那些原本用于教育、医疗、基础建设的公共预算，则被迫用来“偿债”，变成国际投机者的“退出费用”。

例如，2008年金融危机期间，一些资本大举撤离东欧国家，导致本币暴跌、金融系统濒临崩溃。而危机前，这些国家为了迎合外国投资者的要求，不得不取消金融监管。

斯蒂格利茨一针见血地指出，资本不等于慈善，它的脚步快得令人窒息，来时裹着投资的糖衣，走时却只剩下痛苦的账单。

◎ 全球化，不该只有赢家

在《全球化及其不满》一书中，斯蒂格利茨并不是否定全球化的本质，他甚至认为全球化是现代社会不可逆的趋势，但问题在于它的治理方式。

他举例说，北欧国家在全球化中也开放了市场，但却没有造成大规模的社会撕裂，这是因为它们通过健全的社会保障体系、再分配机制和教育投

资，让更多人享受全球化的红利。

而反观某些国家，虽然GDP增长了，但民众并没有感受到生活改善，因为财富被更少的人攫取，制度保护跟不上风险扩散，最终引发民粹主义、民族主义甚至“去全球化”的呼声。

全球化原本是一座桥，却在某些地方变成了墙。

※ 小结：要改变的不是全球化，而是全球化的规则

《全球化及其不满》不是在唱衰全球化，而是在呼吁一种更公平、更负责任的全球治理方式。斯蒂格利茨像一位既深谙市场逻辑又关心底层民众的“制度外科医生”，为全球化提出了三个关键词：透明、参与、公平。

这本书最深远的价值，是让我们意识到：全球化的成败，并不取决于经济增长率，而取决于它能否为大多数人创造真正可持续的福祉。

正如书名所言，如果不改变不公平的全球化规则，那些“不满”就不仅是抱怨，而会变成全球性的社会震荡。

48 《制度、制度变迁与经济绩效》（道格拉斯·诺斯）

——决定一个国家富强的，是哪些制度?

为什么有些国家资源丰富，却迟迟发展不起来？而有些国家看似资源匮乏，却在几十年间腾飞成经济强国？经济学家往往从技术、资本、人口结构等方面找原因，但诺贝尔经济学奖得主道格拉斯·诺斯给出了一个更深刻的回答：关键在制度。

在《制度、制度变迁与经济绩效》一书中，诺斯提出了影响深远的制度经济学理论。他认为，制度不仅是一套规则，更是一种“激励系统”，它决定人们如何决策、资源如何流动、社会如何演化。换句话说，一个国家的发展轨迹，其实是由它的制度“脚本”写出来的。

这本书不像教科书那样堆砌模型，而是用扎实的历史案例，讲清楚了一个常被忽略的问题：制度不只是背景，它是因果。

◎ 制度到底是什么？比“法律”更深的东西

在日常语言中，“制度”这个词容易被简化为“政策”“法律”“法规”。但诺斯给出了更广泛的定义：

制度是人类在交往中形成的一套规则、约束和激励机制，它决定了“游戏怎么玩”。

它可以是写进宪法的正式制度，比如产权保护、契约执行、选举机制等；也可以是约定俗成的非正式制度，比如风俗习惯、信任规则、企业文化、宗教伦理等。

比如，一个国家法律写着“人人平等”，但如果执法者偏袒权贵，制度激励就是“依权而行”；再比如，公司规定“员工可以举报违规行为”，但企业文化是“打小报告被孤立”，那么制度激励其实是“睁一只眼闭一只眼”。

诺斯强调：“制度不是规则本身，而是规则背后真正驱动行为的结构。”换句话说，制度的核心是激励。

◎ 决定国家命运的，不是资源，而是制度安排

诺斯喜欢用“历史的双胞胎”作对比。

美国与拉丁美洲许多国家同样经历了殖民、独立，但美国建立了稳定的产权保护与契约执行制度，而拉美国家普遍存在土地集中、政商勾结与法治薄弱的问题。结果一个成为全球最大经济体，另一些国家则陷入“中等收入陷阱”。

诺斯指出：资源并非成功的充分条件。石油多、矿产多，不如“规则清晰、契约可信”来得关键。制度才是国家长跑中的耐力引擎。

◎ “制度变迁”：最被低估的经济变量

经济学家常讲技术变迁、资本积累，却少有人关注制度如何演化。诺斯将“制度变迁”引入分析框架中，并区分出两种类型：

• 渐进式变迁：制度慢慢变化，例如英国19世纪通过议会改革逐步扩大选举权，美国通过最高法院判例推进对少数族裔权益的保护；

• 突发式变迁：如革命、政权更迭、外部冲击导致制度骤变，比如苏联解体、东欧剧变等。

但诺斯同时指出，制度的“改变”并不完全等于“进步”。很多突变式变迁看似风光，实则失败，因为新制度缺乏执行能力、公众信任与持续激励。例如部分国家推行民主化后，由于缺乏配套的法治与政党制度，最终陷入政治动荡或“选举独裁”。

一个制度能否成功变迁，关键看三个维度：

- 执行成本（是否容易落实）；
- 参与者激励（是否有动力遵守）；
- 制度学习能力（能否自我纠偏、持续迭代）。

用诺斯的话说，坏制度不一定因为知道它坏就能改变；制度演化是社会博弈的结果，而非理性设计的产物。

◎ 为什么“制度失败”会长期拖住国家的后腿?

诺斯揭示了一个残酷的现实：坏制度有自我强化机制。

比如，一个国家司法体系腐败、产权保护差，投资者自然不愿投入，企业更愿意“走关系”而不是提升效率；这反过来又削弱了民众对法治的信任，形成“潜规则经济”。

再比如，政府不透明、权力过度集中，就容易滋生裙带资本主义；一旦政商关系紧密，企业家与官员之间形成“联盟”，既得利益集团就会反过来反对制度改革。

这就是所谓的“制度锁定效应”：一旦形成了某种运作模式，即使效率低下、成本高昂，大家也会继续“沿旧路行走”，因为短期改变代价太高，或因此受阻于强大既得利益者。

诺斯一针见血地指出：制度失败不只是贫穷的结果，它也是贫穷的原因。而要打破这种锁定，靠的不是一句口号，而是建立持续纠偏与反馈机制。

◎ 制度绩效：不只是经济增长，还有社会稳定

诺斯认为，制度的“好坏”最终体现在两个维度：

- 资源配置的效率：好的制度能激励创新、鼓励生产、合理配置资源；
- 冲突管理的能力：好的制度还能减少暴力冲突、降低社会不确定性。

举个例子，一个产权明晰的国家，企业家愿意长期投资、雇用人才、

推动技术创新；而一个产权模糊的国家，人人只敢做“短期买卖”，担心被“政策变脸”吞掉成果。

再看社会层面，如果一个国家有公平的司法制度、透明的选举制度、畅通的利益表达机制，那么即使出现社会矛盾，也能通过制度在框架内解决，避免激化为街头对抗或暴力革命。

制度不是万能的，但它是国家走向繁荣的前提条件。

※ 小结：看不见的制度，才是真正影响未来的力量

《制度、制度变迁与经济绩效》是一本将“制度”这个看似抽象的词，变得具象而有力量的书。它不是关于某一个国家的政体，也不是关于某一项政策的对错，而是教我们如何看清制度的结构、理解制度的逻辑、评估制度的绩效。

通过这本书，我们可以得到的启示是：

- 制度是行为背后的规则系统，不只是“写在纸上的法律”，更是“存在于人心中的秩序”；
- 经济发展不是自动发生的增长奇迹，而是制度激励下的长期积累；
- 社会进步不是靠喊口号，而是看制度能否适应变化、纠偏错误、保障公平。

当你再看到一个国家高速增长，或陷入衰退时，不妨问一句：“它的制度设定了什么样的游戏规则？”你可能会发现，那些藏在规则背后的力量，才是经济学真正要研究的“深层变量”。

49 《国家为什么会失败》（达龙·阿西莫格鲁、詹姆斯·罗宾逊）

——富国和穷国的真正分界线在哪?

我们习惯用“资源”“技术”“地理”来解释国家的命运：非洲贫穷，是因为热带疾病肆虐；拉美落后，是因为殖民历史沉重；中东战乱，是因为宗教冲突复杂……但如果真是这样，为什么有些同在赤道附近的国家一个富足，一个穷困？为什么资源丰富的委内瑞拉在二十年内经济崩塌，而资源有限的新加坡却高速发展?

《国家为什么会失败》这本书，就像一记重拳打在这些传统解释的脸上。两位作者达龙·阿西莫格鲁和詹姆斯·罗宾逊用大量历史案例告诉我们：一个国家的命运，关键在于它的“制度”，而制度的核心，是权力被用来服务全民，还是用来榨取财富。

◎ 贫穷的本质：不是缺资源，而是“榨取式制度”

什么是“榨取式制度”？作者给了一个通俗的比喻：这就像一个巨大的吸血装置，一小部分人掌握权力，不断掠夺大多数人的财富与机会，不让他们创新、不让他们拥有财产权、不让他们参与治理。制度的目标不是发展，而是维持统治。

书中最典型的例子之一，是16世纪的拉美殖民地。西班牙人登陆墨西哥后，没有去发展当地经济，而是直接“继承”了阿兹特克帝国的剥削体制。阿兹特克贵族让农民交贡，西班牙征服者直接顶替他们，让印第安人继续种田、缴税，只不过换了主人。这种掠夺式统治持续了几个世纪，直到20世纪，拉美许多国家仍然深陷寡头统治、贫富悬殊和制度腐败的泥沼。

相比之下，英国的北美殖民地初期则是另一番景象。由于没有贵族阶层，早期殖民者建立了相对平等的产权制度和议会制度。商人、农民、手工业者都有参与经济与政治的权利，这为后来的经济腾飞打下了一定的制度基础。

一句话：不是北美更“幸运”，而是它建立了“包容性制度”，一个能够鼓励创新、保护产权、开放竞争、保障公民权利的制度生态。

◎ 历史的分岔口：小变化如何决定大走向?

这本书的一个核心观点是：制度的演化并非注定，而是历史的偶然决定了路径。

作者以英国“光荣革命”作为案例。1688年，议会推翻了国王詹姆斯二世的专制统治，确立了议会对国王的制衡。从那之后，英国的政治权力逐渐向社会各阶层扩散，法律开始保护产权，金融市场开始兴起，工业革命的火种开始萌芽。

而差不多同时期的法国，却走向了另一条路。虽然也有资产阶级和农民阶层的呼声，但法国的贵族和君主仍坚持维护特权。制度变革迟缓，社会张力加剧，最终演变成血腥的大革命和政权更迭——直到19世纪末，法国才逐步建立稳定的包容性制度，但已经落后于英国一大步了。

这告诉我们，制度不是石头刻的，它受历史、冲突、妥协、偶然事件的影响。而一旦某种制度“定型”，就会产生“路径依赖”：榨取制度会强化既得利益者的控制力，使改革变得异常艰难。

◎ “榨取式繁荣”是可能的吗？是的，但不能长久

在《国家为什么会失败》中，作者并不否认“榨取式制度”在短期内可以实现高速增长，特别是在国家集权、集中资源搞基础建设或产业升级的时

候。但这种增长是脆弱的，因为它依赖于“命令经济”，不鼓励个人创新，也容易形成资源错配。一旦政治环境动荡，或者精英集团产生分裂，整个系统就可能崩溃。

真正能够持续增长的国家，必须走向“制度包容”。也就是说，要允许失败者东山再起，要保障企业的生存权，要让普通人可以通过合法途径改善自身命运。

◎ 制度转型，为何那么难？

对于一个国家来说，我们可能会天真地以为：“只要换一个好领导，制度就能改变。”

但现实没那么简单。书中把制度变革的阻力总结为两个词：“精英博弈”和“恐惧创新”。

“精英博弈”，指的是掌握权力的少数人之间如何分赃与斗争。他们未必反对发展，但只愿意支持“对自己有利的发展”，当发展会削弱他们的既得利益时，他们就会拼命阻挠。

“恐惧创新”则指的是那些掌权者害怕新技术、新制度、新产业会削弱自己的地位。比如奥斯曼帝国长期禁止印刷术，就是因为担心“知识传播”会挑战宗教与统治权威。结果，这个曾经强盛的帝国逐步落后于西欧。

所以作者一再强调：制度改革不是“技术活”，而是“政治活”。它牵涉到权力结构的重组，而不是单纯的“换方案”。

◎ 变革的希望：包容性制度如何建立？

听到这里，可能你会感到沮丧：如果制度是由掌权者维护的，而他们又不愿意改变，那穷国还有机会吗？

作者给出了几点乐观的答案：

· 历史中的“小突破”：比如英国的光荣革命、美国的独立战争等，虽然起点微弱，但最终形成了制度性变革的“引爆点”。

• 社会动员的力量：南非反种族隔离、印度反腐败运动，都是“从下而上”的制度冲击，虽然曲折，但带来了重要改革。

• 外部压力与联盟：有时国际社会的监督、投资规则、人权条约等外部机制，可以推动内部制度逐步演进。

• 中产阶级的壮大：当一个国家出现越来越多有知识、有资源、追求稳定发展的“中间阶层”，他们会要求更多政治参与和产权保障，形成包容制度的基础力量。

书中也提醒我们，不要把希望寄托在“某位英雄”或“某场危机”上。真正可持续的变革，往往是缓慢、分布式、渐进的，是制度博弈的产物。

※ 小结：国家的命运，写在制度里

《国家为什么会失败》是一部融合了历史、政治、经济与制度理论的杰作，它用丰富的案例打破了传统的“地理决定论”与“文化宿命论”。

它让我们意识到：

• 国家贫穷，不是因为资源少，而是因为权力结构错误；

• 富强社会，依赖的不是某个人，而是一整套激励创新、保障公平、推动开放的制度设计；

• 制度不是写在宪法上的条文，而是渗透在产权、教育、税收、司法、信息传播中的每一个环节。

最终，决定国家兴衰的，不是自然，不是命运，而是：我们如何安排规则，谁有权制定它，谁能参与它。制度，是国家未来的剧本，而我们，既是观众，也是共同编剧。

50 《论经济不平等》（阿马蒂亚·森）

——贫富差距，是统计问题，还是道德问题？

在所有经济学的议题里，“不平等”是最令人不安的一个。

我们常听见这样的语句——“收入差距扩大了”“基尼系数又上升了”“最富的1%占有全球一半财富”。这些数字虽令人震惊，但阿玛蒂亚·森在《论经济不平等》中轻声提醒：数字本身不会告诉我们世界是否更公平。

这本著作是现代不平等经济学研究的起点之一。它既是严格的经济分析，也是一次深刻的伦理反思。

森以冷静的逻辑推演出一个温柔而坚决的命题：衡量社会的，不该只是财富的总量，而是人能否有尊严地生活。

他因在贫困与福利经济学方面的开创性研究而获得1998年诺贝尔经济学奖，而这本书正是他思想体系的经典之作。

◎ 数字之下的价值选择

20世纪中期的经济学界深信“测量即真理”。基尼系数、洛伦兹曲线、贫困线、平均收入……似乎一串数字就能描绘社会公正。

森却提出一个令人警醒的问题：当我们说“不平等变少了”，我们到底在比较什么？是谁的不平等？

他在书中系统分析了各种度量不平等的指标：

· 基尼系数揭示收入集中程度，却无法说明分配的道德含义；

· 洛伦兹曲线能比较两个社会的整体分布，但若两条曲线交叉，就必须引入价值判断：我们更关心底层的处境，还是中间阶层的稳定？

• 社会福利函数看似客观，其实内含一个关键变量：社会对不平等的厌恶程度（即我们愿意为公平牺牲多少效率）。

森以精确的数学模型说明：任何衡量体系都隐含道德假设。选择哪一个指标，就意味着选择了一种正义观。

经济学家无法逃避价值判断，只能让它变得透明。

这正是《论经济不平等》的起点——数字并非冷冰冰的真相，而是一面照出社会伦理取向的镜子。

◎ 平均数的陷阱

“平均收入增长5%”听起来令人欣慰，但森提醒我们：平均数最容易掩盖不公。

他在书中举例指出，一个国家的平均收入可能持续上升，但若增长都集中在最富10%的人手中，社会多数人的生活并未得到改善。

因此，他提出一个更合理的视角：社会福利取决于平均收入和不平等程度的共同作用。

在他的模型中，社会福利可写成$W(\mu, I)$。其中μ代表平均收入，I代表不平等指数；在相同的μ下，不平等指数越小，社会福利越高。

换言之，财富的“分布形状”与“增长速度”同样重要。

森以这种方式把“公平”从道德口号变成可验证的科学命题——经济增长只有在兼顾分配时，才能真正提升社会福祉。

这一思路与阿特金森的不平等度量框架相衔接，森在本书中赋予其更完整的规范性与比较语境。

◎ 比较的不可能？森的回答：让假设公开

不同的不平等指标往往得出相反结论，学者们各执一词。森提出一种稳健的判断工具——洛伦兹支配（Lorenz Dominance）。

如果A社会的洛伦兹曲线完全位于B之上（即各收入分位都不低于B），我们可以在不依赖具体指标的情况下判断：A更平等。

但若两条曲线交叉，就必须公开我们的偏好：是更关注最穷者的改善，还是整体中间阶层的稳定？

森以此揭示，不存在“价值中立”的比较。真正的科学不是假装没有立场，而是让立场可以被讨论。

这正是他一贯的风格：数学精确，哲学谦逊。

◎ 贫困与不平等：谁的改善最重要？

森在书中进一步论证，社会福利函数之所以有意义，是因为它能体现一个重要事实：穷人的改善比富人的改善更能提升社会福祉。

他写道，社会若对不平等“厌恶”，就应给予底层收入人群更高的评价权重。

在同样的平均收入下，若底层人群的生活显著改善，即便顶层人群略有下降，整体福利依然更优。

他以印度农村为例说明：一位农民多得十美元，可能意味着孩子能上学；而城市富人多得十美元，只是多了一次午餐。

经济学如果只计算总量而忽视用途，就会偏离人类的真实关切。

森在书中以社会福利函数的形式化表达清楚地说明了这一逻辑，这也是后来“对不平等敏感的社会福利评估”的思想来源。

◎ 从度量到正义：经济学的良心回归

《论经济不平等》写于数据分析刚兴起的年代，却早已超越单纯的度量问题。森以一种哲学家的温度让经济学回到了它本应守护的出发点——理解人类福祉的结构，而非仅仅计算财富的增减。

他强调，社会选择的核心任务，不在于消除所有差异，而在于区分哪些差异可以被视为正当。

经济增长、市场效率固然重要，但如果增长的果实集中于少数人手中，效率也就失去了道德的正当性。

正因如此，这本书常被称为“经济学的伦理复兴”。它为福利经济学重新注入“良知”：既要看结果，也要看过程；既要懂计算，更要懂人。

◎ 从《论经济不平等》到更广阔的世界

《论经济不平等》是森思想的一个里程碑，而非终点。

在1970年代后期，他进一步研究贫困与社会选择，奠定了现代福利经济学的新框架。

1981年在《贫困与饥荒：权利与剥夺的分析》（*Poverty and Famines*）中，他提出著名的结论——“运行良好的民主制度不会发生大饥荒”，这与他早期关于信息、分配与责任的分析一脉相承。

1990 年代起，他与联合国发展计划署合作，推动“人类发展指数（HDI）”，把教育、健康、预期寿命与尊严纳入“发展”的核心指标。

这些工作使《论经济不平等》的思想从数字的世界延伸到制度与自由的世界：从“如何比较收入”扩展为“怎样让每个人有实现自我的能力”。

森的经济学因此成为“关于人如何生活的科学”。

※ 小结：让经济学重新看见人

阿马蒂亚·森让经济学不再只是效率的学问，而重新成为关于正义的学问。

他提醒我们：

- 衡量社会，不只是看GDP有多大体量，而要看最弱的人是否被看见；
- 衡量发展，不只是看财富增长，而是看自由与尊严是否扩展；

·衡量幸福，不只是问“有多少钱”，而是问“能否选择自己想过的生活”。

《论经济不平等》是一部冷静到近乎温柔的书。它不喧哗，却用逻辑的力量让人沉默。

森以最理性的方式，为这个世界保留了一份温度——真正的平等，不是人人一样富，而是人人都有自由成为自己。

附录　50本经济学巨著中英文书名对照

1.《牛奶可乐经济学》（[美] 罗伯特・弗兰克）

The Economic Naturalist: Why Economics Explains Almost Everything by Robert H. Frank

2.《魔鬼经济学》（[美] 史蒂芬・列维特、[美] 史蒂芬・都伯纳）

Freakonomics: A Rogue Economist Explores the Hidden Side of Everything by Steven D. Levitt and Stephen J. Dubner

3.《一课经济学》（[美] 亨利・黑兹利特）

Economics in One Lesson by Henry Hazlitt

4.《卧底经济学》（[英] 蒂姆・哈福德）

The Undercover Economist by Tim Harford

5.《甜甜圈经济学》（[英] 凯特・雷沃思）

Doughnut Economics: Seven Ways to Think Like a 21st-Century Economist by Kate Raworth

6.《思考，快与慢》（[美] 丹尼尔・卡尼曼）

Thinking, Fast and Slow by Daniel Kahneman

7.《信号与噪声》（[美] 内特・西尔弗）

The Signal and the Noise: Why So Many Predictions Fail—But Some Don't by Nate Silver

8.《“错误”的行为》（[美] 理查德・泰勒）

Misbehaving: The Making of Behavioral Economics by Richard H. Thaler

9.《动物精神》（[美] 乔治・阿克洛夫、[美] 罗伯特・席勒）

Animal Spirits: How Human Psychology Drives the Economy, and Why It Matters for Global Capitalism by George A. Akerlof and Robert J. Shiller

10.《乌合之众》（[法] 古斯塔夫・勒庞）

The Crowd: A Study of the Popular Mind by Gustave Le Bon

11.《无价》（[美] 威廉・庞德斯通）

Priceless: The Myth of Fair Value (and How to Take Advantage of It) by William Poundstone

12.《看得见的手》（[美] 小艾尔弗雷德・D.钱德勒）

The Visible Hand: The Managerial Revolution in American Business by Alfred D. Chandler Jr.

13.《囚徒的困境》（[美] 威廉·庞德斯通）

Prisoner's Dilemma by William Poundstone

14.《美丽心灵：纳什传》（[美] 西尔维娅·娜萨）

A Beautiful Mind by Sylvia Nasar

15.《贫穷的本质》（[印] 阿比吉特·班纳吉、[法] 埃斯特·迪弗洛）

Poor Economics: A Radical Rethinking of the Way to Fight Global Poverty by Abhijit V. Banerjee and Esther Duflo

16.《策略思维》（[美] 阿维纳什·K.迪克西特、[美] 巴里·J.奈尔伯夫）

Thinking Strategically: The Competitive Edge in Business, Politics, and Everyday Life by Avinash K. Dixit and Barry J. Nalebuff

17.《经济学的思维方式》（[美] 托马斯·索维尔）

Basic Economics: A Common Sense Guide to the Economy by Thomas Sowell

18.《激进市场》（[美] 埃里克·波斯纳、[美] 格伦·韦尔）

Radical Markets: Uprooting Capitalism and Democracy for a Just Society by Eric A. Posner and E. Glen Weyl

19.《好的经济学》（[印] 阿比吉特·班纳吉、[法] 埃斯特·迪弗洛）

Good Economics for Hard Times by Abhijit V. Banerjee and Esther Duflo

20.《反常识经济学》（[美] 史蒂夫·兰兹伯格）

The Armchair Economist: Economics and Everyday Life by Steven E. Landsburg

21.《国富论》（[英] 亚当·斯密）

The Wealth of Nations by Adam Smith

22.《就业、利息和货币通论》（[英] 约翰·梅纳德·凯恩斯）

The General Theory of Employment, Interest and Money by John Maynard Keynes

23.《银行的秘密》（[美] 默里·罗斯巴德）

The Mystery of Banking by Murray N. Rothbard

24.《休克主义》（[加] 娜奥米·克莱因）

The Shock Doctrine: The Rise of Disaster Capitalism by Naomi Klein

25.《大空头》（[美] 迈克尔·刘易斯）

The Big Short: Inside the Doomsday Machine by Michael Lewis

26.《非理性繁荣》（[美] 罗伯特·希勒）

Irrational Exuberance by Robert J. Shiller

27.《债务危机》（[美] 瑞・达利欧）

Principles for Navigating Big Debt Crises by Ray Dalio

28.《金融炼金术的终结》（[英] 默文・金）

The End of Alchemy: Money, Banking, and the Future of the Global Economy by Mervyn King

29.《21世纪资本论》（[法] 托马斯・皮凯蒂）

Capital in the Twenty-First Century by Thomas Piketty

30.《资本的秘密》（[秘鲁] 赫尔南多・德・索托）

The Mystery of Capital: Why Capitalism Triumphs in the West and Fails Everywhere Else by Hernando de Soto

31.《平台革命》（[美] 杰弗里・帕克、[美] 马歇尔・范・阿尔斯泰因、[美] 桑吉特・保罗・乔达里）

Platform Revolution: How Networked Markets Are Transforming the Economy and How to Make Them Work for You by Geoffrey G. Parker, Marshall W. Van Alstyne, and Sangeet Paul Choudary

32.《长尾理论》（[美] 克里斯・安德森）

The Long Tail: Why the Future of Business Is Selling Less of More by Chris Anderson

33.《信息规则》（[美] 卡尔・夏皮罗、[美] 哈尔・范里安）

Information Rules: A Strategic Guide to the Network Economy by Carl Shapiro and Hal R. Varian

34.《创新者的解答》（[美] 克莱顿・克里斯坦森、[加] 迈克尔・雷纳）

The Innovator's Solution: Creating and Sustaining Successful Growth by Clayton M. Christensen and Michael E. Raynor

35.《第三次工业革命》（[美] 杰里米・里夫金）

The Third Industrial Revolution: How Lateral Power Is Transforming Energy, the Economy, and the World by Jeremy Rifkin

36.《共享经济》（[印] 阿鲁纳・苏恩达拉拉詹）

The Sharing Economy: The End of Employment and the Rise of Crowd-Based Capitalism by Arun Sundararajan

37.《区块链革命》（[加] 唐・塔普斯科特、[加] 亚历克斯・塔普斯科特）

Blockchain Revolution: How the Technology Behind Bitcoin Is Changing Money, Business, and the World by Don Tapscott and Alex Tapscott

38.《零边际成本社会》（[美] 杰里米·里夫金）

The Zero Marginal Cost Society: The Internet of Things, the Collaborative Commons, and the Eclipse of Capitalism by Jeremy Rifkin

39.《未来简史》（[以] 尤瓦尔·赫拉利）

Homo Deus: A Brief History of Tomorrow by Yuval Noah Harari

40.《芯片战争》（[美] 克里斯·米勒）

Chip War: The Fight for the World's Most Critical Technology by Chris Miller

41.《AI极简经济学》（[加] 阿贾伊·阿格拉瓦尔、[加] 乔舒亚·甘斯、[加] 阿维·戈德法布）

Prediction Machines: The Simple Economics of Artificial Intelligence by Ajay Agrawal, Joshua Gans, and Avi Goldfarb

42.《货币崛起》（[英] 尼尔·弗格森）

The Ascent of Money: A Financial History of the World by Niall Ferguson

43.《援助的死亡》（[赞比亚] 丹比萨·莫约）

Dead Aid: Why Aid Is Not Working and How There Is a Better Way for Africa by Dambisa Moyo

44.《自由选择》（[美] 米尔顿·弗里德曼、[美]罗丝·弗里德曼）

Free to Choose: A Personal Statement by Milton Friedman and Rose Friedman

45.《不平等的代价》（[美] 约瑟夫·斯蒂格利茨）

The Price of Inequality: How Today's Divided Society Endangers Our Future by Joseph E. Stiglitz

46.《全球不平等逸史》（[塞尔维亚] 布兰科·米拉诺维奇）

The Haves and the Have-Nots: A Brief and Idiosyncratic History of Global Inequality by Branko Milanovic

47.《全球化及其不满》（[美] 约瑟夫·斯蒂格利茨）

Globalization and Its Discontents by Joseph E. Stiglitz

48.《制度、制度变迁与经济绩效》（[美] 道格拉斯·诺斯）

Institutions, Institutional Change and Economic Performance by Douglass C. North

49.《国家为什么会失败》（[土耳其] 达龙·阿西莫格鲁、[美] 詹姆斯·罗宾逊）

Why Nations Fail: The Origins of Power, Prosperity, and Poverty by Daron Acemoglu and James A. Robinson

50.《论经济不平等》（[印] 阿马蒂亚·森）

On Economic Inequality by Amartya Sen